丛书主编　汤重南

抗战十四年·中华儿女传奇

朱家岗战斗

周振华　著

南京出版传媒集团
南京出版社

图书在版编目（CIP）数据

朱家岗战斗 / 周振华著. -- 南京：南京出版社，2018.8

（抗战十四年·中华儿女传奇）

ISBN 978-7-5533-2203-2

Ⅰ. ①朱… Ⅱ. ①周… Ⅲ. ①抗日战争 - 史料 - 泗阳县 Ⅳ. ①K265.06

中国版本图书馆CIP数据核字（2018）第069892号

丛 书 名： 抗战十四年·中华儿女传奇

总 策 划： 卢海鸣

书　　名： 朱家岗战斗

作　　者： 周振华

出版发行： 南京出版传媒集团

南 京 出 版 社

社址：南京市太平门街53号　　　　邮编：210016

网址：http://www.njcbs.cn　电子信箱：njcbs1988@163.com

联系电话：025-83283893、83283864（营销）　025-83112257（编务）

出 版 人： 项晓宁

出 品 人： 卢海鸣

责任编辑： 杨传兵

装帧设计： 王　俊

责任印制： 杨福彬

制　　版： 南京新华丰制版有限公司

印　　刷： 南京玉河印刷厂

开　　本： 787毫米×1092毫米　1/16

印　　张： 6.25

字　　数： 69千

版　　次： 2018年8月第1版

印　　次： 2021年7月第2次印刷

书　　号： ISBN 978-7-5533-2203-2

定　　价： 20.00元

用微信或京东APP扫码购书

用淘宝APP扫码购书

总　序

中华民族是一个有着5000多年文明史的伟大民族，为人类文明进步做出了不可磨灭的贡献。进入近代以后，由于列强的入侵和封建统治的腐败，中国落伍了，一步步沦为半殖民地半封建社会。特别是由于日本军国主义的野蛮入侵，中华民族濒临亡国灭种的境地。1931年9月18日，日本帝国主义悍然对驻守沈阳的中国军队发动进攻，制造了蓄谋已久的九一八事变。

“兄弟阋于墙，外御其侮。”面对日本军国主义的野蛮侵略，中华民族并没有在外敌面前屈服、倒下，而是更加同仇敌忾、奋勇杀敌。在整个抗战期间，在中国共产党领导的抗日民族统一战线指引下，中国各党派、各民族、各阶级、各阶层、各团体以及海外华侨华人义无反顾地投身到抗击日本侵略者的洪流之中，进行了艰苦卓绝的战争。特别由中国共产党领导的东北抗日联军、八路军、新四军更是在异常艰苦的条件下英勇抗击日本侵略者，取得了一个又一个骄人战绩。他们的英勇事迹在中华民族反抗外敌侵略的历史上谱写了光辉的一页，充分凸显中国共产党在整个抗日战争中的中流砥柱作用。最终中国人民取得了抗日战争的伟大胜利，宣告了世界反法西斯战争的完全胜利。中国人民抗日战争胜利是全体中华儿女的荣光。

2015年9月3日，习近平同志在《纪念中国人民抗日战争暨世界反法西斯战争胜利70周年大会上的讲话》中明确提出："中国人民经过长达14年艰苦卓绝的斗争，取得了中国人民抗日战争的伟大胜利，宣告了世界反法西斯战争的完全胜利。"在中央政治局第25次集体学习时，习近平同志进一步提出："要注重研究九一八事变后14年抗战的历史，14年要贯通下来统一研究。"2017年1月，教育部要求各级各类教材全面落实"十四年抗战"概念，把中小学地方课程教材中的"八年抗战"字样改为"十四年抗战"，并根据情况修改与此相关内容，确保树立并突出十四年抗战概念。这表明，长期以来认识不尽一致的抗日战争的起点问题，最终通过进入教材的形式加以解决。

"十四年抗战"概念的提出，体现了将九一八事变、东北抗战等局部抗战与1937年卢沟桥事变后的全面抗战作为一个整体来观照和研究，更能增强震撼力和感染力。另外，长期以来，中国抗日战争史就面临着被"西方中心论"者消解、忽视的境遇，作为第二次世界大战和世界反法西斯战争的东方主战场，中国战场的历史地位在欧美大中小学教材和研究著作中不被重视；而全面抗战爆发前的中国人民，特别是中国共产党领导的东北抗联的孤军奋战，更是鲜有人问津。"十四年抗战"进入中国国民教育系统，是扭转这一局面的重要举措，是在国际范围内建立自身历史话语权的现实需要。这也是对毛泽东主席所说的"伟大的中国抗战，不但是中国的事，东方的事，也是世界的事”“我们的敌人是世界性的敌人，中国的抗战是世界性的抗战”等论断的最好诠释。

此套丛书以通俗易懂的语言、引人入胜的故事、准确的历史史实，展现抗战期间在中国共产党领导下的东北抗日联军、八路军、新四军英勇抗敌的14个经典战役战斗事迹，再现波澜壮阔的敌后战场、机动灵活的战略战术和引以为傲的骄人战绩。向广大青少年表达中华儿女视死如归、宁死不屈的民族气节，不畏强暴、血战到底的英雄气概，百折不挠、坚忍不拔的必胜信念。同时，通过对中国共产党领导下的一个个经典战役、战斗的讲述，一方面，加强对青少年乃至全社会的历史传承，消除近年来“抗日神剧”等历史泛娱乐化所造成的认识混乱以及价值观扭曲，积极正本清源；另一方面，通过史实再次证明中国共产党在抗日战争中的中流砥柱作用，拆穿日本右翼势力矢口否认日本对中国发动的侵略战争、极力美化日本在中国所犯下的滔天罪行的惊天谎言。

“以史为鉴，可以知兴替。”当下，我们正走在实现中华民族伟大复兴中国梦的征途中，国家综合实力、人民生活水平都有显著提高。越是在这种时候，我们越是不能忘记为了实现民族独立、人民解放而抛头颅、洒热血的革命先烈和革命事迹。相信通过此套丛书的出版，必将具有深远的历史意义和极强的现实意义，也必将在国内外产生广泛反响。

汤重南

（中国社会科学院研究员、博士生导师，

中国日本史研究会名誉会长，中日历史共同研究委员会中方委员）

目　录

引 言

在苏北平原中部西侧，淮安、宿迁两市境内，有一个美丽的湖泊——洪泽湖，她是淮河的归宿，由成子湖湾、溧河湖湾、淮河湖湾三大湖湾组成，好似一只展翅的天鹅，浩浩渺渺2000多平方公里。千百年来，湖畔居民依赖湖泊，繁衍生息。近代的中国，千疮百孔，由于国民党政权横征暴敛，日寇入侵，以及湖上土匪渔霸的敲诈勒索、横行霸道，弄得洪泽湖百姓民不聊生，苦不堪言。特别是1938年国民党炸开黄河花园口大堤，每年夏季洪水泛滥，广大人民处于水深火热之中。新四军来到了洪泽湖后，与洪泽湖的百姓一起驱日寇、剿土匪、清水患，创建淮北抗日根据地，与人民建立深厚的情谊，被百姓称为“天下文明第一军”，留下了许多感人的故事。今天，新四军的遗址遗迹遍布洪泽湖畔的村村落落，新四军的历史也成为洪泽湖百姓最为珍贵的红色记忆。

朱家岗烈士陵园位于洪泽湖畔的朱家岗村，这是一座著名的抗日村。1942年12月，新四军4师9旅26团在抗击进犯苏皖边区的日本侵略军平林17师团清水旅团3个旅兵力，在这里进行了一场血战。在力量悬殊的情况下，全团指战员抱定与阵地共存亡的决心，经过18小时激战，打退敌人。这一战斗，是新四军在淮北地区33天反“扫荡”作战中最过硬的一仗，打出了新四军的威名，使日寇闻风丧胆。为了纪念在这场战斗中牺牲的73位烈士，1943年10月，抗日军民在烈士们牺牲的朱家岗村建造了朱家岗烈士陵园，立碑建亭，修筑公墓。苍松翠柏中，英雄长眠。朱家岗烈士陵园昭告历史的是一种民族精神，是一个中国人民抗击外国侵略者的抗战之魂，是一曲中华崛起自强不息的颂歌。

与众多烈士陵园不同的是，在这座陵园的西北角，埋葬有13具在朱家岗战斗中被新四军击毙的日军的尸体，日本反战同盟淮北支部立了一座用日文刻写的“日本阵亡将兵之墓”墓碑，碑文记载：“千余名日军和新四军作战之后，1942年12月10日冬，小队长以下13名令人惋惜地离开这个世界，永远告别了父母妻子而长眠于草地，新四军把死者尸体给予埋葬，这表明侵华战争的残酷性及日本军部和大资本家谋私利为目的的罪恶。淮北日本反战同盟支部 昭和18年10月10日立。”一场战斗，一座陵园，新四军烈士与侵华日军阵亡者同葬，体现了中国人民的博大胸怀。

岁月流逝，战场的硝烟战火已渐渐离我们远去，但历史的记忆不能忘却。让我们一起走进历史，走近英雄，走进朱家岗难忘的战斗岁月！

一 | 洪泽湖畔的新四军

洪泽湖，我的家乡，

我的家乡就在洪泽湖水中央。

春夏秋冬不管冷和热，

从早到晚不管风和浪。

……

我们不能让日军到这里胡闹乱抢，

我们要团结起来把洪泽湖保卫得像铁桶一样。

（1940年1月，在泗洪县赵庄，沈琪生为话剧《洪泽湖渔夫曲》作的插曲）

1942年11月24日，伪《徐州日报》发表一篇社论《洪泽湖共匪歼灭》，文中称："洪泽湖为长江以北之著名湖沼，水域汪洋，绵亘数百余里。无事之时，犹为萑苻啸聚之处，况值今日盗匪纵横之日，更为群丑麇集之所，地理使然，无足怪者。数年以来，共产党组织之新四军，相继窜扰，即以洪泽湖为最大根据地，四出劫掠，负隅自固，假患孤魂妄自滋扰，因其位于苏皖两省之间，且又为江淮之中心地段，所以被其灾害者，不可计数，此种匪人巢穴不拔，不仅苏皖两省人民之不得安枕，即滋扰各处之零星共匪，此击彼窜，出没无常，亦皆非短时间内所能‘扫荡’净尽,所以洪泽湖的匪窟,实为和平进展之一极大障碍。”

也就是说，洪泽湖这个敌后抗日民主根据地，钉在敌伪所统治的“苏皖两省之间”的“江淮中心地段”,阻止了敌人汉奸灭亡华中的奸谋，作了敌伪“和平进展之一极大障碍”，可见敌人对这个根据地及新四军是如何的“痛心疾首”了！因此，必欲“歼灭”之而后甘心！

日伪军所恨之入骨的部队正是中国共产党领导的新四军 4 师，这支部队是由彭雪枫领导创建，“爱民如手足”是师长彭雪枫在领导军民创建豫皖苏边区抗日根据地的斗争过程中，向全体官兵提出的要求，并且率先垂范。因而，在根据地内军爱民、民拥军，蔚然成风；豫皖苏边区人民赞誉 4 师为“天下文明第一军”。至今淮北地区仍流传着这样的一副对联：过境我军情不厌，到家同志话偏长。

新四军4师师长彭雪枫

新四军 4 师 9 旅是一支英雄的劲旅，组建于全民族抗战烽火中。1938 年 5 月，徐州沦陷后，徐（州）、海（州）、蚌（埠）地区人民在党的领导下，发展了许多游击队。由于这些游击队自成立之日起，就不断地打击日寇、铲除汉奸，深受人民的爱戴，所以迅速地成长壮大，逐步汇编成3支千人以上的队伍。1940年9月1日，3支部队完成整编，合编成八路军第5纵队第3支队，并召开成立大会，由张爱萍任支队司令员，韦国清任政治委员，孙象涵任副司令兼7团团长，张震球任政治部主任，张震寰任副主任，杨志雅任参谋处长。

1941年1月，皖南事变发生后，八路军第5纵队编为新四军第3师，第3支队编为第9旅，原7、8、9三个团依次编为25团、26团、27团。9旅旅长为张爱萍，政委为韦国清。

在不到半年时间里，9旅的足迹踏遍了苏北十多县，进行营以上战斗14次以上，和兄弟部队一起完成了开辟巩固淮海、盐阜根据地的任务。新四军军部1941年向中央的报告中称“9旅对全军来讲，艰苦奋斗精神可称模范”！

新四军3师副师长张爱萍（右2）、4师9旅旅长韦国清（右5）等人合影

在洪泽湖老百姓的记忆里，张爱萍、韦国清年轻干

练，着装整洁、姿态庄重，带头穿草鞋、不蓄发，处处为人表率，连打绑腿都一丝不苟。张爱萍是四川达县人，著名的军事指挥家，全国解放后被授予上将军衔。晚年的张爱萍将军回忆起洪泽湖时充满了深情，这是他创建皖东北抗日根据地的地方，是他创建9旅的地方，也是他和洪泽湖老百姓建立深厚情感的地方。洪泽湖上的剿匪岁月不仅仅是他革命人生的重要记忆，也为他以后筹建新中国海军奠定了实战基础。

1941年的洪泽湖地区，只有2支队6团与地方武装坚持在皖东北，敌伪乘机大举进攻，根据地大半丧失，只剩下洪泽湖边一条狭小的地区。为了恢复皖东北根据地和保障皖东与豫皖苏的后路，新四军军部决定由张爱萍率25团、27团回师皖东北，韦国清率26团继续坚持淮海地区的斗争。

1941年2月5日，张爱萍率部到达泗阳县山子头时，群众听说皖东北的子弟兵回来了，奔走相告，欣喜若狂，不少群众把仅有的一点地瓜干也拿出来供应部队，人民的热情爱戴胜过战斗动员，指战员摩拳擦掌，决心为恢复根据地决一死战。可这一仗在哪打？怎么打？张爱萍的目光落在了烟波浩渺的洪泽湖上。

洪泽湖是天然的大后方，本是一方水土养育一方人，润泽着洪泽湖附近百姓，但湖上匪徒与日军、伪军、顽军互有勾结，他们还打着江苏省政府主席兼苏鲁战区副总司令韩德勤的旗号，与共产党领导的抗日武装为敌，老百姓更是苦不堪言。从政治上考虑，肃清湖上匪患，还老百姓安乐家园已迫在眉睫，是湖区人民的共同心愿，是新四军保家卫国、服务人民的重要举措；从战略上出发，就全国抗战整个局势

活跃在洪泽湖畔的新四军洪泽湖游击总队

来看，新四军剿清匪患，把洪泽湖作为淮北根据地稳固的后方，这对于巩固华中抗日根据地，战略意义极其重大。

20天以后，在半城镇的4师9旅临时旅部召开了团以上干部会议，经过认真讨论，一个剿灭洪泽湖顽匪的计划基本酝酿完成，洪泽湖剿匪的主体计划是：政治上分化瓦解，经济上严密封锁，军事上彻底消灭。首先肃清湖周围的散匪，切断韩德勤部对湖匪的支援，在老子山、成子湖、临淮头等地实行军事封锁，然后再进行水上攻坚战，集中力量消灭顽匪。

4月初的一个夜晚，张爱萍与韦国清讨论起草了给中共中央中原局及新四军军部的请战报告。新四军代军长陈毅与政治委员刘少奇批准下达了肃清洪泽湖湖上匪患的命令："张韦部乘芦苇尚未生长之机，肃清湖中顽匪。2 师 5 旅一个团协助进剿，该团电台与 9 旅联络并归张韦指挥。”此举有利于巩固后方，打通淮北、淮南、苏北、苏中的联系。

当时在洪泽湖活动猖獗、力量较强的湖匪主要有 3 股：盱眙伪军高铸九，土顽陈佩华，惯匪魏三。几股湖匪合起来，总共有民船数百只，钢板划子 50 余只，枪炮 800 余支（门）。所谓钢板划子，就是将小巧便捷的木船前头护上钢板，枪从正面射不透。这些匪徒们习惯了湖上生活，深谙水性，而新四军装备只是为数不多的木船，将士们大多是北方战士，习惯陆地作战，不熟水性。依赖水上的优势，群匪更加肆无忌惮，高铸九扬言说：八路军是“旱鸭子”，不敢下水，“九路军”不怕八路军。听到这些传言，张爱萍鼓励将士们说：什么“九路军”“十路军”？都是乌合之众！但他们的这种叫嚣，确实点破了新四军不熟水战的弱点，所以给部队打洪泽湖湖匪带来不少思想顾虑。

若干年后，张爱萍在回忆起洪泽湖剿匪岁月时披露，洪泽湖剿匪战术的运用，不是得益于《孙子兵法》和其他兵书，而是受到了苏联纪实小说《对马》的启示。那是在 1940 年冬天，中原局书记刘少奇从上海购买来一批图书，分赠给新四军旅团以上干部，其中小说《对马》被张爱萍看了 3 遍。书中写的是日俄战争中的对马海峡战役，日本海军以劣势兵力战胜了庞大的俄国舰队，主要原因就是以己之长攻敌所短。张爱萍认为，9 旅的“战舰”虽然少于敌匪，但只要抓住敌人的弱点，发挥自己的火力优势，就能取得胜利。他和韦国清政委又认真分析了战情，其中有利于新四军的条件也较多：首先，渔民痛恨土匪，人心向新四军，有老百姓贡献船只和领路；其次，土匪内部不团结，经常火并，可以各个击破；再次，钢板划子虽然坚固，但可以采取迂回战术，

洪泽湖开展水上训练的新四军

侧面射击;第四，有水性好的渔民做教练，战士们能迅速掌握水上战术。

于是，根据水上战术要求和各类船只特点，张爱萍对部队进行编组训练，战斗队形按照突击船队、钳制船队和后勤船队的队形组成，由“主力舰”（实为木船）“炮舰”“通讯舰”和“救生舰”组成钳制队，从正面攻击吸引敌人；由二三级“主力舰”“驱逐舰”和“通讯舰”组成的突击队从左右两翼出击；由“救护舰”“运输舰”组成的后勤舰队殿后，与突击队保持一定的距离。指挥所设在钳制船队上，联络信号白天用旗语，夜间用包着红布的手电筒。一个周密而细致的作战计划形成了。洪泽湖边老汴河、濉河等河道上，到处响起9旅将士们水上训练的喊杀声 。

4月2日，刘少奇、陈毅再次电示9旅指战员：“张韦提出的进剿洪泽湖顽匪计划和部署我们同意，但南新集的防务仍由9旅担任……因皖东北地区狭小，不宜太多部队活动，否则有引起敌寇‘扫荡’之可能。”接到电报后，张爱萍、韦国清明白，此战只宜速战速决。

5月1日，经过艰苦水上作战训练的9旅将士集结在洪泽湖畔，张爱萍发出“用洪泽湖战斗的胜利迎接红5月”的动员，战士们心中都憋着一股劲，蓄势待发。5月1日拂晓，战斗打响了，湖匪用钢板划子排开迎战，在临淮码头方向被新四军高射机枪一阵猛射，打得高铸九部慌作一团，当场俘获其10余只钢板划子，余部逃窜；黄码头方向，9旅25团1营突破湖匪30余只钢板划子的封锁，迅速挺进到湖中，使3股湖匪亡魂丧胆，除高铸九残部逃往盱眙外，在2师5旅和4师10旅各一部兵力的协同下，湖匪被全部肃清。

5月5日，上千条大大小小的船只聚集在安河口（今泗洪县龙集乡与洪泽农场南部）湖面上，船头上红旗召展，鼓乐喧天，军民们高声欢呼，庆祝剿匪的胜利。笼罩在洪泽湖上的阴云终于被驱散了，洪泽湖变成了中国共产党领导下的抗日主根据地，成为老百姓们的生活乐园。面对此情此景，张爱萍旅长诗情大发，即兴写下《平定洪泽湖》诗一首：

洪泽水怪乱水天，奋起龙泉捣龙潭；
红旗风展万众勇，白帆云扬千樯舷。
塞江倒海斩妖孽，长风劈浪扫敌顽；
旸乌红天炀红泊，渔歌满湖鱼满船。

9月，张爱萍旅长调到3师任副师长，韦国清政委改任9旅旅长，

1941年9月，4师10旅与3师9旅对调建制。图为陈毅（前排中）、张云逸（前排右1）接见9旅干部时的合影

康志强任 9 旅政委。9 旅与 10 旅对调，归属新四军 4 师建制。

1942 年 2 月，刘少奇在华中局第一次扩大会上指出："9 旅是华中抗战后，新成立部队中之成绩较优者。"

洪泽湖上剿匪战，是中国人民军队战史上第一次较大规模的水战，这次战斗的胜利，也使得洪泽湖成为淮北抗日根据地的内湖，为后来的淮北 33 天反"扫荡"作战做好了战场准备。

二 | 日寇倾巢大“扫荡”

腊月寒冬朔风寒，淮北苏皖起狼烟。
日寇倾巢大“扫荡”，黎民百姓受摧残。
敌人修起泗宿路，毁坏人民万顷田。
“三光”政策烧、杀、抢，血泊火海惨人寰。

（摘自叶英长篇叙事诗《血战朱家岗》）

1942年冬，淮北平原寒风刺骨、雨雪交加。中国共产党领导的敌后游击战争让日寇处境狼狈。与此同时，新四军在淮北打日军、爱人民、保家乡，淮北抗日根据地充满着生机。新四军，这支组建于抗战烽火中的抗日军队成为国人心中的希望，成为华中抗战的中流砥柱，成了一把插进敌人心脏的钢刀，日寇欲拔之而后快。这年冬天，深深刻印在淮北人民记忆中的日本法西斯疯狂的33天大“扫荡”发生了，深深印染着烈士鲜血的朱家岗战斗就发生在这次反“扫荡”作战中。

这次大“扫荡”，日寇倾其全力，以精锐部队平林17师团的清水旅团、

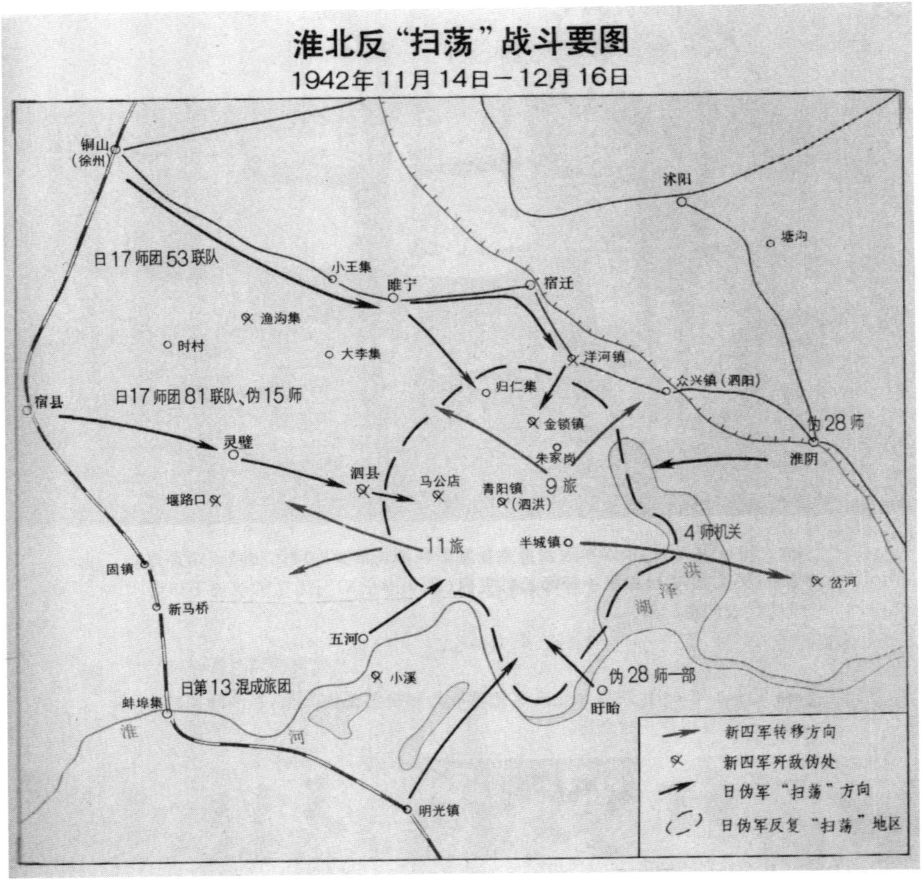

1942年淮北反"扫荡"战斗要图

13 师混成旅团一部为基干，纠合伪军 15 师窦光殿部、28 师潘干臣部以及伪苏淮特区绥靖军郝鹏举部两个团，总兵力将近万人，妄图一举歼灭新四军 4 师主力及淮北党、政机关于洪泽湖畔。

这次"扫荡"，日伪精心做好了准备。1941 年 11 月 24 日，南京汪伪政府公布成立伪"苏淮特区行政公署"，派出老牌汉奸郝鹏担任行政公署长官，徐州一带至今还流传着这样一幅对联："来郝鹏，去郝鹏，多此一举；新汉奸，旧汉奸，都是汉奸。”讽刺的正是郝鹏和1943年9月2日的后任行政长官郝鹏举。汪伪苏淮特区行政公署辖徐州市、铜山、东海、砀山、萧县、沛县、邳县、睢宁、宿迁、沭阳、赣榆、丰县、泗阳、淮安、淮阴、涟水、阜宁、灌云（以上17个县1个市属苏北）宿县、灵璧、泗县、亳县（以上4个县属皖北）共21个县1个市，恰恰包括着华中抗日民主根据地的盐阜区、淮海区、淮北苏皖边区，以及以前的豫皖苏边的一部分。郝鹏就职时无耻宣布的“施政方针”是：（一）安定民生，（二）开发经济，（三）驱逐“共匪”，（四）强化治安，（五）提倡教育。他的目的就是为其日寇主子侵占淮北扫清障碍。

古语云：知己知彼，百战不殆。日伪也深知这一点。“扫荡”前夕，淮北根据地内暗流涌动，悄然地多了许多难民、逃荒者、小贩、卖唱

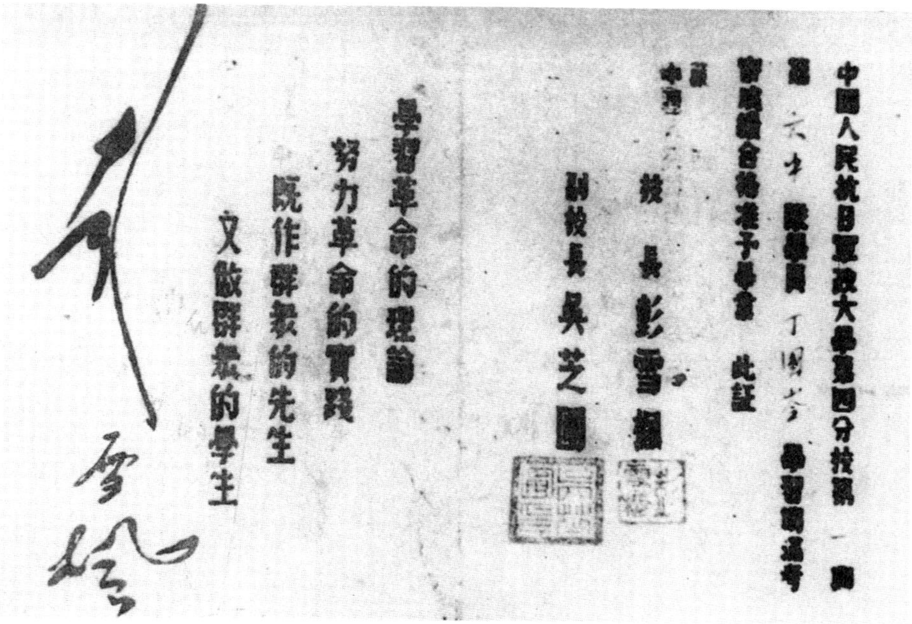

彭雪枫签发的抗大四分校毕业证书

淮北行署主任刘瑞龙（前排左3）与淮北行署部分领导干部合影

的甚至娼妓，这些人中混杂着日伪派出的密探和汉奸，他们潜入根据地，散布于新四军驻地及各机关附近，任务是侦察新四军部队番号、人员、武器、首长姓名、部队动态、地形道路、湖汉、草滩以及各种会议内容、到会人数、开会经过、会议结果，并搜集文件、报纸、小册子。淮阴敌伪特务机关曾出价 5 元购买 1 张《拂晓报》和《人民报》，细细研究，如获至宝。双十节、参议会、四师十月革命节运动大会召开时，也有不少敌特伪装的小贩卖花生、糖果、纸烟于会场周围，后来，他们在日伪“扫荡”时随军前来，向群众夸称：“你们的参议会到多少人，什么人讲什么话，我们都知道。”此外，还造谣说“新四军不会长久的”“新四军是假民主”“皇军迟早要统治洪泽湖”等等，威逼群众欢迎敌人。当大批进步青年从全国各地来到淮北参加新四军抗大四分校学习 时，敌人计上心头，采用了“美人计”，淮阴敌伪特务机关即派数名女子假扮为上海的学生企图混入学校，勾引招生人员。不过，令他们没有想到的是，一个被抓获的女特务无奈地说：“新四军是讲恋爱自由的，其实他们内部要想结婚十分困难，共产党不准干部腐化，不风流又勾引不上，太风流他们又不喜欢。”廉政自律的华中抗日政权深受人民的支持和拥护，淮北行署主任刘瑞龙说：“我们这里，取消了薪给制，建立了生活津贴制，上级不要巴结，同事不要应酬，职业有保障，生活不腐化，有饭吃，有事做，找钱的地方没有，贪污的门基本是封锁了，制度改变了，贪污分子也还有，只是个别的了。旧政府下要做个好人很困难，新政权下要做坏人是不成功的。”

日伪军向淮北抗日根据地的大举“扫荡”分为五路：一路从泗县到青阳，一路从宿迁南下，一路从淮阴经高良涧到蒋坝，一路从盱眙到洪泽湖，一路从五河到郑集，妄图聚歼新四军4师主力于洪泽湖沿岸。兵力对外叫嚣“陆空精锐部队”，具体为步兵6500人到7000人、骑兵600匹、坦克车2辆、汽车120辆、

新四军4师9旅部队演练架梯攻城

汽艇 9 艘、汽划 10 艘，以及飞机七八架分飞于洪泽湖、泗阳、泗宿、泗南上空，罪恶的大“扫荡”开始了。

今天人们翻阅历史文献，从 4 师师长彭雪枫的 33 天反“扫荡”战斗总结中了解到，敌伪“扫荡”作战方针是以半城、青阳为全边区的中心目标而大规模分进合击，其次又分区以泗宿、泗南、淮泗、淮宝之中心集镇为目标，而小规模分进合击。兵力部署及“扫荡”经过分为三个阶段：

第一阶段：14 日下午，敌汽车 14 辆、坦克 2 辆、步兵 500 余、骑兵百余由睢宁、凌城出发，晚住找沟，15 日进占归仁集。洋河敌百余、伪军 200 余、骑兵 30 余进占金锁镇。泗县敌千余，14 日晚驻黑塔，16 日进占老韩圩，16 日由老韩圩开赵庄、川城。同时，归仁集之敌经黄坝圩、

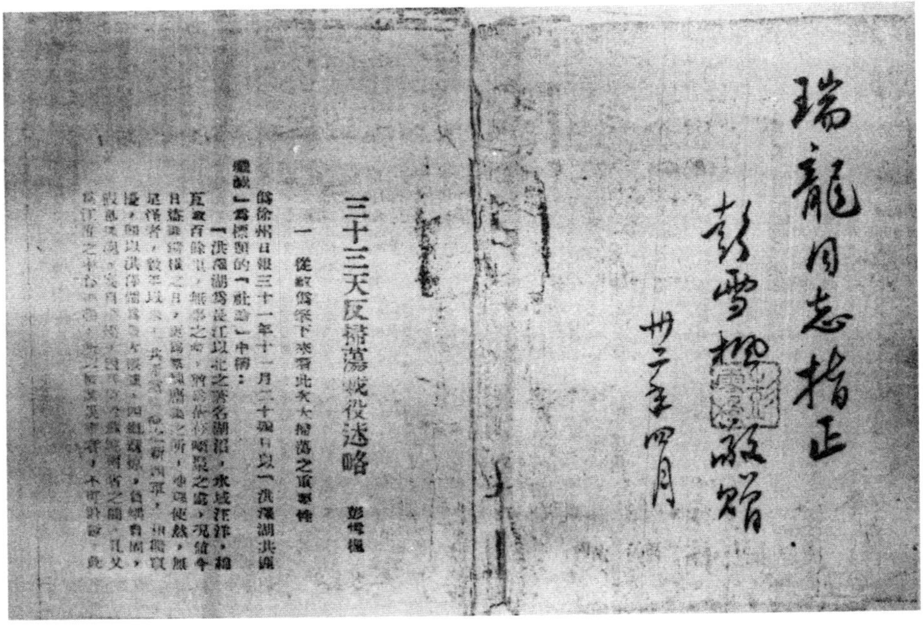

彭雪枫著《三十三天反“扫荡”战役述略》书影

凤登张、白庙，与复兴、川城，黑塔敌会合，分 4 路进占青阳、圩头。17 日敌 2000 余人，附骑兵 400 余、坦克 2 辆、汽车 11 辆，继由青阳圩头分 3 路进占半城。同日，盱眙敌伪 400 余人，附炮 2 门，自老渡口登陆，进占管镇鲍集。一路为明光敌 200 余、汽车 7 辆开泗县，改乘汽艇进占鲍集西南之沈集，次日继占双沟、罗岗，晚退回盱眙。19 日，半城之敌由周台子、临淮头、半城，经青阳向泗县撤退，青阳圩头之敌亦同日撤回泗县。一部则分驻老韩圩子、新关，董圩子、枯河头之线，金子联队司令部驻老韩圩子。

第二阶段：敌于退回泗县休息 3 天之后，于 23 日第二次出动近 5000 人（十九为敌寇）、汽车坦克各 2 辆，路经上塘集于 15 时进占郑集，一路经车门山、魏营子，于 15 时半进占陈家冲，一路由青阳进占罗岗汤圩子。24 日复分经峰山镇，窦冲经双沟进占鲍集管镇。25 日，鲍集管镇之敌一部沿溧河右岸回窜双沟，26 日全部于后店子、花园庄、罗岗集合，27 日一路经车门山回泗县，一路经青阳金锁镇回宿迁，一路夜半经城头过汴河再度犯半城，28 日拂晓窜回青阳。23 日，淮阴之敌 500 余经范集、黄集、马棚庄进占岔河镇高良涧，次日窜回淮阴。同日，众兴、淮阴敌 600 余分 3 路合击淮泗之南新集，午后复进占王集、裴围子，25 日进占顺河集，27 日经东陈集窜回。29 日，敌集中于泗县城召开“祝捷大会”，“扫荡”的第二阶段遂告结束。

一、二两个阶段共计 17 天，分进合击，到处扑空；狼奔豕突，全是钉子，对新四军 4 师主力部队、党政机关、地方武装、后方资材，一无所获。诚如敌伪在苏淮行署检讨会上自供，是一个“失败的‘扫荡’”。于是不得不变更战略，采取稳打稳扎了。接着便开始了“扫荡”的第三阶段，打通并巩固泗宿公路，建立青阳（200余）、马公店（200余）、金锁镇（200余）、归仁集（200余）、老韩圩（三四百人，金子联队司令部）、新关，董圩子（伪军1个团700余），黑塔（小本中尉1中队），赵庄（佐本1个中队及伪军2中队）以及侍卫圩、双蔡圩等据点（以上均在泗宿、泗灵、睢县之泗宿公路及其附近），不时向新四军出扰抢掠，或奔袭合击。

大“扫荡”开始的讯号是11月12、13日，日伪军占领濠城、草沟、藕庄，正式向淮北根据地中心区进军，是在15日。14日前，日伪军已进入攻击准备位置了。而这年11月初，新四军4师集中9旅两个团、11旅两个团，在半城搞了1次规模较大的攻坚战术大演习。演习中，得到敌人大“扫荡”的消息，便立即停止演习，各部队返回原地。师部立即召开紧急会议，动员全区党政军民准备迎击敌人大“扫荡”，并派出干部到各地区，动员独立团、县大队、边区游击支队、武工队等地方武装，各侦察情报站也加强了对情报的掌握，主力部队和地方部队，对付敌人“扫荡”都有自己的预定方案，地方干部也都下到基层，帮助各个单位具体研究对付“扫荡”的办法，党政军民总动员，迎击敌人的大“扫荡”。

当时师部决定，各主力部队要留小分队在原地配合地方武装和民兵坚持游击战，新四军4师大部主力要跳出敌人的合围圈，到敌占区去，从敌背后积极主动地打击敌人。要根据实际情况，多利用夜晚袭击敌人城镇和敌伪据点，扰乱敌后方，破坏敌交通，使内线作战和外线作战紧密配合起来。同时要求各主力部队要避强击弱，不与敌人拼消耗，既反对消极逃跑，又反对打被动仗，并要求各级指挥员发挥主观能动

新四军张贴传单

性和独立作战的能力。4师兵力的部署是:9旅在洪泽湖以北和西北地区,11旅在五河、灵璧泗县以南、洪泽湖以西。

新四军4师还在师部撤离半城前做好群众的宣传工作，并张贴32开、16开日文和中文标语传单。其中日文传单的内容都是以当时被新四军俘虏或投诚的日军反战组织“在华日军反战同盟淮北支部”名义，揭露日本侵略战争的本质，号召侵华日军调转枪口反对日本军阀，以及阐明共产党领导的八路军新四军优待俘虏、宽大政策等内容。

敌伪也动员其一切宣传手段，广播、报纸、传单，象吹涨了的泡沫似的夸张“皇军”的“胜利”，北平的伪《新民报》不断以“洪泽湖边民众更生，治安圈扩大，伪新四军多葬湖底”为大标题，无耻地吹嘘:

“十五、十六、十七三日，连炸溃走之新四军，对洪泽湖畔之赤色根据地，投以必中弹而粉碎，更急袭因不支日地上部队之猛攻，图乘船由湖上遁逃之敌船一千数百只，四散逃窜，日机加以猛烈急降下轰炸及机枪射击沉其大半，敌大部队与船均葬之湖底。”然而，日伪的吹嘘随着战斗的进展化为了泡影，新四军战斗标语历经战火的洗礼，大多依然存在，赫然醒目。

三 | 26团誓卫朱家岗

难忘一九四二年，日寇逞凶苏皖边。

四师奋战反“扫荡”，打败日军保家园。

钢铁部队廿六团，血战朱家岗把敌歼。

（摘自刘玉柱作《赞重修朱家岗烈士陵园》）

1995年7月，新四军纪念馆接待了原北京军区司令员、开国少将罗应怀，他的一生堪称九死一生，幼年当过长工，几十年的戎马生涯，战功卓著，11次负伤，6次重伤。此时这位老将军已年近90，精神依旧矍铄，走进纪念馆，宛如走进新四军老部队，老将军不停地和身边人员讲起当年的战斗往事，在

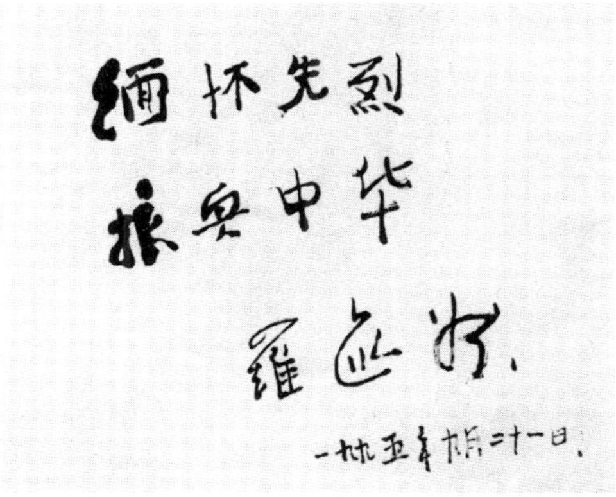
罗应怀1995年参观新四军纪念馆时题词

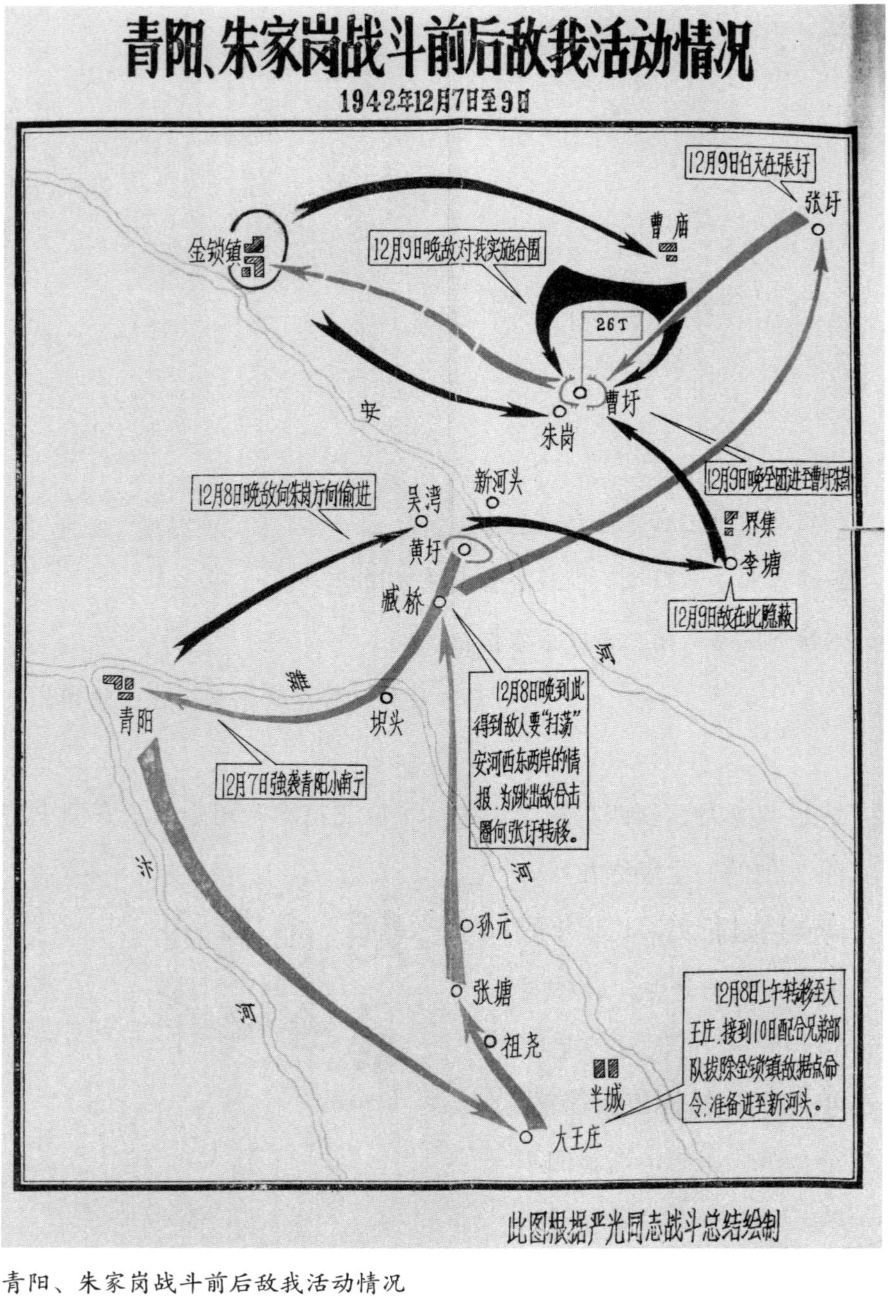

青阳、朱家岗战斗前后敌我活动情况

朱家岗战斗的版面前，老将军驻足良久，不发一言，陷入深深的回忆中。他就是这场战斗的指挥者，时任26团团长，朱家岗战斗18小时的生死搏杀、26团官兵的牺牲呐喊、“小鬼班”战士的音容笑貌，老将军都记录在了他的回忆文章《血战朱家岗》中：

当时，我和11旅的几个同志正在师部学习。有一天，彭雪枫师长、邓子恢政委突然来到，对我们说：“敌人开始‘扫荡’了，你们赶快回去，准备反‘扫荡’。任务由你们旅部具体布置。”彭师长、邓政委讲过以后，我纵身上马，一口气从半城跑到旅部驻地新行圩子。旅长韦国清同志刚开完会，见到我了，就说：“老罗，你来得正是时候，日军开始‘扫荡’了。”我马上问：“我们团的任务？……”

“先休息一下，我们再谈情况。”韦旅长从容不迫地给我倒了杯茶，坐在我的对面，他那清秀明朗的脸庞渐渐地严肃起来。他说：“敌人这次纠集了近万余人。其中有：骑兵六百人，各种炮百余门，汽车二三百辆，汽艇二三十艘，坦克十余辆，飞机八架， 由徐州、泗县、宿迁、淮阴、盱眙、五河等地出动，以半城，青阳为目标，分五路向我淮北抗日民主根据地分进合击，妄图一举歼灭我新四军4师主力，摧毁我淮北抗日民主政权。”

韦旅长喝了口茶，接着沉着坚决地说：“对于这条毒蛇，我们不能一口把它吞进肚子里，只能斩头截尾一段一段地消灭它。我们决定主力部队先跳出敌人的包围圈，把处于内线作战的被动地位，变为外线作战的主动地位。我们要向敌人侧后迂回，猛击敌人尾部，使他们不能不回头。这样，就能缩短敌人的‘扫荡’时间，缩小他们的‘扫荡’

范围，然后乘他们收兵后退的时候集中我们的力量，寻机歼灭敌人一路或两路。这就是我们淮北区党委和师党委决定的这次反‘扫荡’的作战方针。”

“好!避其锐气，击其惰归。”我听到韦旅长的谈话，感到豁然开朗，突然想起了孙子兵法上的这句话。

韦旅长笑了起来，接着说：“要达到这个目的，总得有人来牵牛鼻子。旅党委考虑再三，决定由你们26团在内线作战，掩护党、政领导机关撤退。你们的任务是吸引敌人，拖着敌人在根据地里转，消耗它，疲惫它，把它搞得焦头烂额，精疲力竭。到那个时候，我们割了它的尾巴，砍了它的后腿，再掏它的心脏”！

他稍稍停了一下，双眉微蹙，语重心长地说：“当然，你们团今后所处的局面必然是困难的、复杂的，斗争也将是异常残酷的。你们要在思想上向最坏的情况做准备，因为你们牵的这头牛，不是耕田耙地的老黄牛，而是发了疯、红了眼的法西斯‘野牛’。万一牵不住，不但对我们整个反‘扫荡’战役方针的实行带来不利影响，你们自己也会遇到更大困难。要百倍提高警惕，防止敌人……”韦旅长两手做了个合围的姿势。他看到我完全领会了上级意图，脸上露出了笑容。

韦旅长又问：“老罗，你看还有什么具体困难？”开始我想：要讲困难， 自然很多。因为我们即将对付的不只是汉奸潘干臣、窦光殿之类，也不是国民党顽固派韩德勤、王光夏之流，而是数倍于我，装备精良，训练有素，武装到了牙齿的日本法西斯的精锐部队——平林十七师团。别的不说，单讲装备，我们团每个指战员除了三四排子弹，七八枚手榴弹之外，就是每人一把大刀。用这样的武器去对付日本日军的飞机、大炮，能说没有困难吗?但我想，我们是党领导的新四军，有红军二万五千里长征的光荣传统。我们是人民的子弟兵，和根据地的人民有着血肉般的联系。我们有伟大领袖毛主席制定的抗日战争的战略战术，就是有天大的困难，我们也能克服。

于是我肃然起立，大声回答：“请首长放心，有淮北根据地的人民，就有我26团；有26团在，平林师团就别想大摇大摆地进来，进来了，就别想再回去!”

韦旅长又再三嘱咐我们：要充分发动群众，动员人民坚壁清野，藏好粮食，动员人民“破路”挖沟，做到有路皆沟，村村相通；组织民兵放哨，捕捉敌探汉奸，使敌人失去耳目……

韦旅长的指示充分体现了毛主席的军事思想。他对这次反“扫荡”的作战确实胸有成竹，指挥若定。他在谈话时两眼炯炯发光，使我对完成这一艰巨的任务充满了胜利的信心。

我从旅部回来，天已接近黄昏。我想到：这美丽富饶的淮北大平原即将受到日寇的铁蹄践踏；勤劳勇敢的淮北人民即将遭到日寇的杀戮蹂躏。我的心剧烈跳动，满腔怒火直冲头顶。我加了一鞭，马飞奔起来。

………

11月15日，日寇的铁蹄踏进淮北抗日根据地。他们以步兵、骑兵、快速摩托部队和坦克混合编队，在飞机掩护下，多路推进，严密搜索，步步安设据点，分割和缩小淮北抗日根据地。敌人依仗其优势，企图寻歼新四军4师主力和边区领导机关。寻找不到，就用烧房、抢掠、杀人来发泄其兽性，削弱淮北抗日根据地人力、物力和财力，犯下了累累罪行。

儿童团检查行人

在内线作战中，26团在旅部的领导下，紧紧地依靠根据地人民，派出小分队或侦察组，配合地方武装、民兵实行“敌进我退，敌驻我扰，敌疲我打，敌退我追”的游击战术，和日寇二日三战。每天两军相隔只有三四里地。但由于新四军熟悉地形，又有乡亲们的掩护，新四军不时发起的突袭，给日寇以很大杀伤。有时候，敌人刚端起饭碗，新四军就突然袭击上去，打一阵机枪，甩几个手榴弹，迫使敌人不得不丢下饭碗，盲目追赶;有时，敌人刚躺下，新四军发起进攻，东打一枪，西打一枪，牵着日军一直转到天亮，搞得敌人吃不上饭，睡不好觉，日夜不得安宁。

12月7日，为了给敌人以更大的打击，26团和4师骑兵团一个大队强袭青阳镇敌伪据点。部队冲入镇内同日伪军巷战3个小时，歼日伪军一部，拂晓前胜利撤出。这一仗彻底激怒了平林师团长，他严令各据点驻军，千方百计寻找26团决战。

12月8日，罗应怀团长接到韦旅长、康政委的命令：10日晚配合外线主力拔除日军金锁镇据点。这就是说，外线主力打回来了，虽然20余天的紧张艰苦的战斗生活，使每个同志的体力消耗很大，但接到

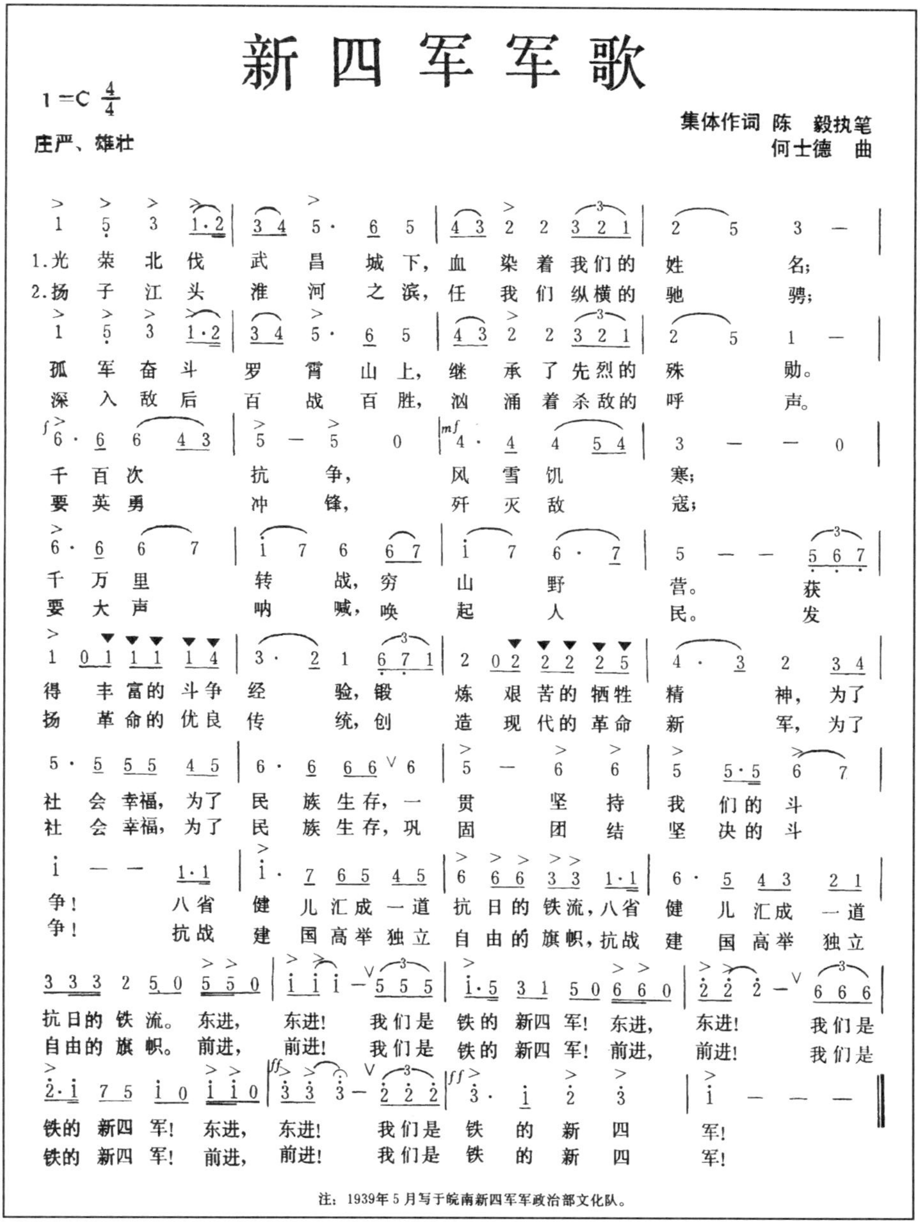
新四军军歌
1=C 4/4
庄严、雄壮
集体作词 陈 毅执笔
何士德 曲
1.光 荣 北 伐 武 昌 城 下，血 染 着 我们的 姓 名；
2.扬 子 江 头 淮 河 之 滨，任 我 们 纵横的 驰 骋；
孤 军 奋 斗 罗 霄 山 上，继 承 了 先烈的 殊 勋。
深 入 敌 后 百 战 百 胜，汹 涌 着 杀敌的 呼 声。
千 百 次 抗 争，风 雪 饥 寒；
要 英 勇 冲 锋，歼 灭 敌 寇；
千 万 里 转 战，穷 山 野 营。获
要 大 声 呐 喊，唤 起 人 民。发
得 丰 富的 斗争 经 验，锻 炼 艰 苦的 牺牲 精 神，为了
扬 革 命的 优良 传 统，创 造 现 代的 革命 新 军，为了
社 会 幸福，为了 民 族 生 存，一 贯 坚 持 我 们的 斗
社 会 幸福，为了 民 族 生 存，巩 固 团 结 坚 决 的 斗
争！ 八省 健 儿 汇成 一道 抗 日的 铁流，八省 健 儿 汇成 一道
争！ 抗战 建 国 高举 独立 自 由的 旗帜，抗战 建 国 高举 独立
抗日的 铁 流。东进， 东进！ 我们是 铁的 新四 军！东进， 东进！ 我们是
自由的 旗 帜。前进， 前进！ 我们是 铁的 新四 军！前进， 前进！ 我们是
铁的 新四 军！ 东进， 东进！ 我们是 铁 的 新 四 军！
铁的 新四 军！ 前进， 前进！ 我们是 铁 的 新 四 军！
注：1939年5月写于皖南新四军军政治部文化队。

新四军军歌

外线主力回来，内线外线协同杀敌的命令，让每个战士欢欣鼓舞。他们用粗糙的手轻抚着钢枪，把刺刀磨得更亮，有的同志在轻轻地哼起了新四军军歌；“光荣北伐武昌城下，血染着我们的姓名；孤军奋斗罗霄山上，继承了先烈的殊勋……”情绪在战士们间相互感染，他们一起轻声哼唱：“千百次抗争，风雪饥寒；千万里转战，穷山野营……”

9日黄昏，26团到达朱家岗，这里距离金锁镇仅12里，部队一个行军就能到达，周围都是敌人的据点。罗应怀团长和谢政委、严副团长带参谋人员观察地形，以防万一。朱家岗是一个东西走向的稍高于平原的土岗子，上面坐落着曹圩、张庄、孙庄（孙岗）等几个自然村，东临洪泽湖，西靠汴河，是淮北根据地的腹地，苏皖边区中心区之一。

群众在破铁路

根据地军民“破路”

这里，抗日民主政权早已建立，人民安居乐业，生活蒸蒸日上，各种抗日群众组织都先后建立了起来。为了游击战争的需要，也为了利于群众躲避敌人，朱家岗附近都挖了交通沟，纵横交错，如蛛网一般，给敌人摆下了八卦迷魂阵。这些交通沟深五六尺，宽六七尺，弯弯曲曲，像一条条长蛇，每隔一段距离还留有土墩，便于新四军作战时隐蔽周旋，这都给敌人行动设置了极大的困难，甚至好似陷入八卦阵，地形改变了，地图无说明，又找不到向导，处处难行。这些交通沟，在朱家岗战斗中发挥了很大的作用。在岗北交通沟里，几十个日军送了命。为了挖好交通沟，区、乡、村都成立了“破路委员会”或小组，实行合理分担，有人出人，无人出粮（地主），干部带头，群众一齐上。在“破路”工作中，朱家岗和曹圩等村庄，还评出了好几个“破路模范”。各乡各村自卫队，在“破路”工作中起先锋带头作用，他们一手拿枪一手拿锹，平时与战时结合起来。平时站岗放哨，防止奸细，敌人“扫荡”时，掩护群众，组织“空舍清野”，给部队传送情报，运送伤员和看押俘虏。

部队在朱家岗宿营后，26团立即转入为10日晚间攻击金锁镇的战斗做准备工作。团部连夜召开了连以上干部会议，对如何消灭金锁镇的敌人进行具体部署指导，凌晨一点会议才结束，各营、连干部返回驻地休息，计划第二天向战士作动员，准备好攻坚器材。

26团部驻扎在曹圩。这是一个土城堡，周围有土墙，墙外有壕，壕内有水。曹圩东南门外面有一个便道。圩北墙外，相隔几十米有一条两米宽两米深的交通沟，西南角上相隔百米，是一个二三十户人家的小村庄，叫张庄。谁都没有想到，交通沟两头、曹圩东南头、张庄，有一场血战即将打响。深夜，朱家岗沉睡了，淮北平原一片寂静，洪泽湖水在夜间更显深沉。就在这朔风刺骨、墨一样黑的夜晚，狡猾的日寇金子联队3个大队加上少量伪军共1500多人，正偷偷地从青阳镇、归仁集、金锁镇兵分3路，把魔爪伸向朱家岗，伸向26团。

驻扎在孙庄的是负责前哨的26团1连，这是26团中战斗力较强的一个连队，1942年11月曾作为26团代表参加了4师在半城举办的攻坚战术竞赛。连部驻扎在孙庄一家四合头房子，面南，门前有一个过道。连部东院是2排驻地，2排排长在青阳战斗中牺牲了，副排长叫朱善堂，因2排在青阳战斗中是主力，伤亡较大，这时2排只有十几个战士；1排驻扎在孙庄西头，3排驻扎在孙庄东头。战士们已经极度的疲乏，甚至走路时都能睡着。大家都想睡好觉，准备明天攻打金锁镇，一举拿下敌人据点。然而12月10日凌晨3点多，孙庄传来一声凄厉的枪声，这是敌人发出的信号弹，枪声把1连3个排的指战员们全部惊醒了。战斗打响了，1 连指战员依托院落与日军激战，直至东方发白，日军只敢打机枪，向院子里丢手榴弹，就是不敢进院子。子弹已打完，1 连指导员傅荣贤动员 2 排战友们把步枪背起来，用大刀杀出去，向团部靠拢。乘日军两挺机枪轮番向院子里扫射的片刻空隙，战士十几人就一齐朝外猛冲猛杀，举起大刀，乱砍一气。敌人不敢开枪，怕打到自己人。日军阻拦，喊叫，刺刀相拼杀的叮当与卡嚓声！只几分钟时间，1 连战士们就冲出了敌人的包围圈。

新四军4师司令部、政治部授予9旅26团1连的奖旗

3 排坚守在孙庄东房院阵地，排长李银水率全排战士，依托仅有两所房屋的小院，边战斗边用横木竖着将院门顶住，在院墙上掏好枪眼，英勇沉着、顽强固守，抗击敌人。敌人多次向院门和院墙冲击，3 排战士充分发挥近战威力，等敌人接近几米远时，步枪、手榴弹一齐开火，打得敌人不敢靠近。后来，3 排为节省弹药，就手持大刀守卫在院墙下和院门两侧。爬上院墙的敌人刚一露头，新四军战士便挥舞大刀砍了下去。11 时许，敌人对 3 排阵地发起了更猛烈攻击，院门被轰开，十几个敌人冲入院内，英勇的 3 排战士与敌人展开生死搏斗，终将冲入院中的敌人消灭，并用步枪、手

新四军进行战斗演习

榴弹将院外敌人击退。此时，3 排弹药已用尽。

日寇气急败坏，随即紧缩对 3 排的包围圈，先是组织向新四军喊话诱降，后用燃烧弹向 3 排坚守的房屋实行火攻。战士们在烈火浓烟中无法坚守阵地，他们抱定誓与敌人同归于尽的铁的信念，手持大刀，冲入敌群，与敌展开浴血拼搏。枪打断了，大刀拼坏了，就赤手空拳与敌搏斗。激战至下午2时多，1排、2排的冲杀、突围和3排顽强抗敌达9个小时之久，终因敌众我寡，英勇的3排20余名指战员全部壮烈牺牲。

曹圩，26团团部。团长罗应怀、政委谢锡玉、副团长严光在敌人第一声枪声响起时就一跃而起：有情况！1连的同志很快来报告：日军包围了孙庄，现在正一路向曹圩，一路向张庄逼近。到处都有脚步声和马叫声，看样子敌人很多。作战参谋潘隆昌也报告西南、西边敌人已经接近。

罗团长立即命令迅速查明情况，进入阵地加固工事。他和严副团长一面观察情况，一面命令2营由苗庄调至曹圩待命，3营以一个连的兵力坚守朱岗，挡住南边的敌人，一个连向北侧击包围孙庄之敌，1营2连由岗北交通沟向1连增援。5时40分，东、西、南、北四面枪声大作。朱家岗被敌人包围了。

战场上，时间就是时机，怎么办？有人提议突围。理由是敌人数倍于新四军，来势汹汹，不突围将有全军覆没的危险。

有人主张坚守。理由是天将破晓，地处平原，敌人有骑兵，白昼突围，更易遭受重大损失。走还是打？走，会有什么结果？打，将会出现什么局面？这些都需要立即作出判断，定下决心。

从兵力上讲，日军已经明显占有优势，从四面八方形成了对26团的包围，而26团经过精兵简政，每个连七八十人，全团3个营6个连，总共五六百人；从战术上，敌人是精心策划，一上来就把3个营和团部分开，新四军事先并无准备，仓促应战；从地形上讲，朱家岗地形狭窄，不利防守。

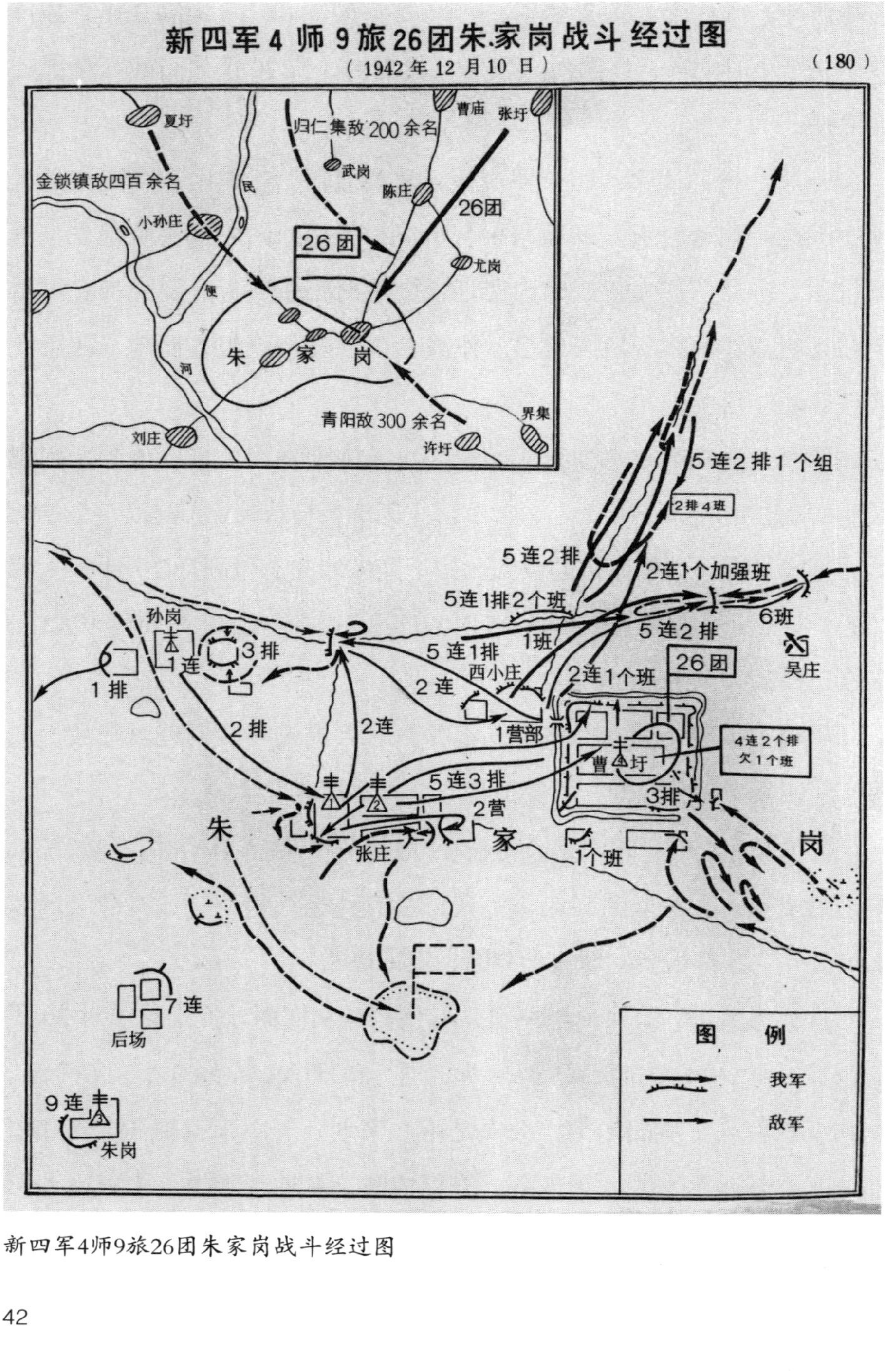

新四军4师9旅26团朱家岗战斗经过图

晚年的罗应怀团长依旧清晰地记着决策的那个瞬间，他想到了1932年红四方面军反蒋介石的第四次“围剿”，进军陕南的竹林关战斗。在团长许世友的指挥下，红军12师34团抗击着6倍以上的蒋介石精锐部队——国民党中央军第一师胡宗南部，坚持战斗三天三夜，最后从敌人两个旅的结合部杀开一条通路，翻越野狐岭，抢占竹林关，胜利完成了掩护主力部队突围转移的任务。

历史证明，共产党所领导的革命军队，不仅能够攻无不克，必要的时候也能坚守得住的。罗团长坚定地提出了“坚守阵地，打到天黑”。枪声越响越近，如暴风骤雨；炮声越响越密，震天撼地。这一切更促使26团团党委迅速下定了坚守朱家岗决心。打危险，走更危险。坚守，新四军有依托，可以以一当十，以十当百，以新四军之长击敌之短，只要咬紧牙关，坚持下去，夺取最后胜利是有把握的。如若突围，必将被强大的敌人分割包围于开阔地，敌将发挥其长击新四军之短，这种被动局面将不堪设想。而且，敌军早有寻找26团决战的心理，今日扑到，必如受伤的野牛一样疯狂百倍。不会一触即退，必然是死盯蛮缠。对于新四军来说，看起来是坏事，反过来又是好事。敌人找26团，26团也正要拖住他。送上门的疯狗，比躲在洞穴里好打。他扑上来，26团正好趁机卡住他。为了掩护外线主力更有效地打击敌人，彻底粉碎其“扫荡”计划，26团全体将士誓用生命捍卫朱家岗！

曹圩交通沟东端离曹圩仅十几米，战斗打响后不久，日寇就已推测，此处为新四军指挥机关驻地，便集中优势兵力，企图占领，形势非常险恶。这里原有4连一个岗哨，但是4连的哨兵在战斗前遭敌偷袭，不幸牺牲。敌人先是占领了这块阵地，2营副营长赵威率领4连2排沿

新四军纪念馆馆藏油画《冲锋》

交通沟向东反击，展开拉据战；危急时刻，5 连 1 排赶来增援；2 连连长孙存余率领一个加强班前来支援。

孙存余连长是 1939 年入伍的穷孩子，身材魁梧、端正白皙、性格豪爽，经过多次战斗的考验和磨炼，他已成长为一个机敏果断、英勇顽强的指挥员。青阳战斗中，2 连担任主攻任务，全连伤亡较大。夜间枪声响起后，孙存余立即跑步到营部去请求任务。

此时，孙庄已被敌人包围，只村北交通沟里暂时还没有。几十个日军正沿着庄子后墙由西向东运动，孙连长带领一支队伍从交通沟进到孙庄以北，因为交通沟深，离房子还有几十米距离，孙连长发出怒吼："打！"一阵猛烈子弹向敌人飞去。敌人受到这突然袭击，有几个日军被打死打伤，其余的沿着一条小巷向孙庄以南逃窜。

战斗中，5 连 1 排排长王康率部奉命来接替 2 连固守交通沟。王康排长和孙连长是战友也是同乡，这个操着浓重的灌南口音的刚满 20 岁的青年，身材小巧，性格活泼，每临战阵，总是一听枪声就精神百倍，作战十分机警顽强。战场相见，未作寒暄，孙连长向他介绍了敌情，交代了任务后，立即赶赴营部请求下一步任务。考虑到2连在强袭青阳南小街战斗中受到不小伤亡，弹药也未得到补充，2连现在又是团的预备队，随时准备支援西面和北面的战斗。在营部接受任务时，敌人的一颗“八八”式掷弹筒弹落在李营长和孙连长几人中间，在脚边飞速地旋转，在这千钧一发之际，李营长毫不犹豫地拾起即将爆炸的掷弹筒弹向墙外敌群扔去，只听墙外“轰隆”一声巨响，接着是日军嗷嗷的乱叫声……战场上硝烟弥漫，枪炮声、手榴弹爆炸声、喊杀声响成一片，震耳欲聋。2连的同志以十分焦急的心情等待着新的任务。

交通沟的战斗还在激烈地进行着，西端的日军又开始向5连1排坚守的阵地发起了冲锋，第一次冲锋被打退了，敌人又发起第二次更猛烈的冲锋。

日军进攻的重点是团部驻地曹圩。

从孙庄以北通来的交通沟，在曹圩北面分了岔。一条向东，一条向东北。这时5连2排排长王洪儒率领着战士，正在通向正东的那条沟里和日军激战，这条交通沟南距曹圩只有几十米，如果被日军占据，26团主阵地曹圩北面就全部暴露给敌人，那将使团指挥机关处于十分危险的境地。因此，必须不惜任何代价，坚守岗北交通沟。

敌人也意识到占据这条交通沟的重要性，一再增加兵力，向坚守交通沟的5连2排发动攻击。2排指战员虽奋勇抗击，并不时发起反攻，但终因寡不敌众，加之伤亡过大，最后只剩下几个人。坚守的横垛也被敌人接连占去两个，情况十分危急。这时，团部派人传达命令，2连迅速支援5连交通沟，一下夺回两个横垛，又把敌人打退到曹圩东北几十米处。副班长娄芝信是一位特等射手，他奉命和战友一起监视和

新四军战士练习射击

射击曹圩东面的敌人，以精准的射击击毙一个个日军。狡猾的敌人也挑选特等射手，占领离交通沟 80 米处的独立房顶，向交通沟内新四军战士，使 2 连伤亡了六七名战士。当孙连长发现这个情况后，从娄芝信同志手中接过三八式步枪，把满腔仇恨都凝聚在枪口上，瞄准了敌人，“砰”的一声，敌方射手从屋顶上滚了下来。

在狭长的交通沟里，对于作战双方来说，每一个横垛都是争夺的焦点，谁向前占领一个横垛，谁就能多控制一段路沟的主动权。

中午 12 点多，无计可施的敌人又拼命向新四军阵地发射炮弹，并多次发起冲击。整个曹圩北部烟雾弥漫，弹片横飞。新四军战士浑身泥土，满面烟尘，奋勇冲杀，前赴后继，挫败了日寇一次又一次的进攻。前沿阵地上，敌尸狼藉，新四军伤亡也很大，风趣的娄芝信牺牲了、弹无虚发的米炳开牺牲了，交通沟只剩下孙存余连长和王学如两个人。

下午2点钟左右，西南方敌人阵地上升起了两颗信号弹，对新四军阵地进行了炮轰。

敌人又发动进攻了。孙存余连长和王学如俩人不约而同地把子弹上了膛，手榴弹打开了盖子，大刀放在手边，互相勉励，下定决心，和敌人誓死拼杀。

傍晚，敌人阵地后方响起了枪声，新四军的增援部队来了。日军吓得惊慌失措，弃械遗尸，狼狈败逃。

2连在坚守曹圩北面交通沟的战斗中，和5连同志一起，与日寇进行了反复激烈的搏斗，打退敌人的无数次进攻，保障了团首长和团领导机关的安全。

张庄紧挨着曹圩，原是一营营部驻地，距曹圩一里多路，只二三十户人家，村子零零落落的分成几片。从清晨到中午，更激烈、更残酷的战斗，同时也在张庄进行着。一阵一阵的炮火，炙烤着张庄的每一寸土地，战斗打响后，5连戴春涛副连长带3排去替换一营营部，让一营营部进入曹圩里坚守，并用重机枪支援3排战斗。戴春涛副连长浓眉大眼，脸黑心红，身强力壮，膀阔腰圆，是一位走起路来地皮都在脚下打颤的年轻指挥员，26团出名的战斗英雄。他是灌云人，5岁时死了父亲，家中非常贫困，7岁给人家放牛，12岁就当雇工，拼死拼活干1年，不够家里两个月的吃喝，只得靠着打猎来维持最低限度的生活，并成为百发百中的神枪手。为富不仁的地主逼得他几乎投身绿林，后来戴春涛找到了共产党，走上了革命的道路。

不久前，在曹庙战斗中，他们连长和1排战士被日寇包围了，连队失去了指挥。戴副连长当时是班长，在同志们的一致推选下担任指挥，下达战斗命令后，他自己带一个班，用大刀砍出一条血路，使连长和被围部队突围出来。

接受任务后，戴副连长率领3排迅速抢占了张庄大院，这个大院的院墙约2米多高，院墙内三四米处是房屋，院墙上已挖好枪眼，向南的院门也用横杠抵好了。3排把1营同志换下来以后，分配了各班的防御任务。刚进入阵地，敌人就开始进攻了，从枪眼里可以清晰地看到进攻的敌人都是穿深黄色军装，大约100多名日军，他们排着一字队形，端着上了刺刀的大盖枪。戴副连长命令战士们把手榴弹准备好，沉着应战。著名音乐家贺绿汀创作的著名的《游击队队歌》中有句歌词“我们都是神枪手，每一颗子弹都要消灭一个敌人”，这句歌词其实也是人民军队艰难历程的真实写照，因为在战场上，面对准备精良的敌人，战士们节省每一颗子弹，战场上，要做到敌人不到跟前不打，瞄不准不打，没有命令不打的“三不打”。要么不打，要打就要往死里打，叫他有来无回，每一颗子弹消灭一个敌人。

贺绿汀

日军进攻开始了，100多个日军已冲到阵地前。这些家伙犹豫了一下，见院内没有动静，就放着胆子像疯狗一样，一窝蜂似地向大院冲来。离院墙只有几米远了。戴副连长一声令下，3排的机步枪和手榴弹同时向敌人打去，敌人死的死伤的伤，不敢再向前，回头鼠窜。戴副连长命令“火力追击！”两挺机枪象疾风似的扫向敌人，一下子就把敌人赶到了大洼子里。

8时30分，日军开始用猛烈的炮火轰击张庄大院。一时间硝烟弥漫，弹片乱飞，坚实的院门被炸成无数碎片，围墙一段被炸平了。日军借强烈炮火的掩护又发起了第二次冲锋。敌人这次攻击的主要目标是院墙豁口，也是3排防守的重点。当敌人距3排阵地20多米时，戴副连长立即命令“投弹！”手榴弹飞向敌人中间，一些日军被炸死了，一些日军继续往前冲。一个日军刚从院墙豁口处爬上来，被守卫在那里绰号叫大麻子的战士砍了下去，又一个爬上来，又被大麻子砍了下去，一个爬上院墙的日军，也被战士小周用刺刀捅了下去。战士小周和老王接连捅下去几个日军，七班副班长尹廷友用大刀也连续砍倒了几个。紧张的肉搏战，延续了半个多小时，日军第二次的冲锋又被打垮了。

敌人采用了狠毒的手段，向3排坚守的大院发射燃烧弹。大院里的房屋都是草苫的顶，又时值冬天，气候干燥，一碰上明火就立即燃烧起来，刹时间，大院里火光四起，浓烟滚滚。眼睛熏得看不清，烟气吸入肺中，呛得喘不出气。戴副连长突然想到，趴在院墙根下，靠近地面呼吸，可能会好一些。他就马上叫大家伏在地面吸几口气，再站起来向院外观察，这样相互交替着，这个观察，那个吸气，那个观察，这个吸气，效果很好。这时，一阵西南风，把浓烟向东北方向刮去，戴副连长从枪眼里往外望，有四五十个日军，正趴在距院墙只有20多米远的地方，1挺歪把子机枪架在场埂上，3个射手趴在那里一动不动。戴副连长拿起1枚手榴弹，目测了一下距离，奋力向敌人机枪投去，“轰”的一声，射手连同机枪被炸翻了。同志们一跃而起，冲入敌群，挥动大刀，向日军们的头上砍去……

打退敌人的又一次进攻后，已到10点钟左右，大院里的房屋烧毁了，几位负重伤的同志因浓烟窒息而光荣牺牲。经过半天的战斗，3 排的伤亡很大，能战斗的已经没有几个人了。幸存的战友们肃然站立，伤员们相互扶持，他们向牺牲同志遗体告别，背起牺牲同志的枪支弹药，搀扶着负伤的同志，从院子东侧临时挖的门洞里出了独立大院，转移到村东头的一个院落。

全排战士只剩下 9 人了，2 挺机枪子弹不到 100 发，每支步枪只有五六发子弹，手榴弹也没有几个，大刀砍缺了口，刺刀也捅弯了。指战员们清楚地知道，张庄是曹圩西南屏障，如果张庄被敌人占领，曹圩的团部阵地也就难保了。每个同志心中只有一个信念：一定要不惜一切，坚守张庄阵地。现在子弹、手榴弹都不多，战士们每人都在找件能和敌人肉搏的武器，没有大刀、刺刀，找件铁叉、抓钩也行。8 班副班长刘炳珠把他珍藏很久的两个小巧精致的骑兵用的手榴弹递给了戴副连长。战场上，武器就是生存的希望，危急关头，生与死的推让体现出的正是最为真挚和纯洁的战友之情！

日军几次进攻张庄，遭到新四军顽强阻击之后，虽然占据了新四军主动放弃的村西头独立大院，但仍然不敢贸然前进，而是逐屋搜索而行。

白天敌人占据优势，夜晚是新四军的主场，敌人想在白天消灭新四军，新四军就一定要把战斗延长到夜里，战斗多延长一分钟，就多一分钟胜利因素。

利用战斗间隙，戴副连长来到团指挥所。战火焦灼了他的皮肤，他满脸烟痕，帽子、衣服都烧烂了，棉花裸露在外面。戴副连长看到罗应怀团长躺在担架上，张立业营长也负伤了，一支胳膊裹着绷带，吊在脖子上，戴副连长不由露出惊讶之色。罗团长身经百战，每次战斗，他总是冲在最前边，多次负伤，左臂已成残废。自从到26团，指挥打了许多胜仗，在干部战士中有很高威信。朱家岗战斗中，罗团长在举起望远镜观察敌情时，敌人的一颗子弹击中他的大腿，再次身负重伤。虽身负重伤，罗团长神色自若，了解情况后，郑重地说："你们的任务是坚决守住张庄，就是剩下一个人也要守住！"戴副连长向罗团长敬了个军礼，坚定地说："请团长放心，我们人在阵地在，绝不让日军占领张庄阵地！"

戴副连长从团部领回4枚手榴弹，又在阵地上进行了战斗动员，8名战士纷纷表决心，誓与阵地共存亡。他们一面加修工事，一面收集农民的耙子、铁叉等作为武器，准备与敌人搏斗。他们的工事尚未修好，敌人又从西巷冲过来，8名战士挥舞农具冲入敌群。戴副连长刺死日军一个小队长，吓得敌人抱头逃窜。敌人败退后，又用燃烧弹进攻，3排指战员已有了与烈火做斗争的经验，隐蔽在墙角下，无一伤亡。正在这时，风向发生变化，先前一直刮的西南风变成东北风了。日军从西南方向攻击时，利用上风头，采用火攻，牺牲了3排几位战士。现在风向变过来，3排指战员决定"以其人之道，还治其人之身"。

戴副连长率8名战士隐蔽接近西小院，2人放火烧房，3人封住院门，3人投弹。等到敌人刚挖透一个小洞，他们就向洞内塞进一枚用长棍绑着的手榴弹。敌人跑到院内被新四军手榴弹炸得无处藏身，院门又被封锁，只得逃回房内，房子燃烧了，倒塌了，十几个日军被新四军全部歼灭。

金子联队先后集中了3个中队兵力，连续向张庄阵地进行了14个小时的冲击。机枪、大炮、燃烧弹能炸毁张庄大院的一切，但却奈何不了5连3排新四军战士。

下午四点钟以后，日军的进攻停止了，曹圩里的枪声也逐渐停下来。日军在对曹圩阵地进行一整天猛烈进攻遭到很大伤亡后，又见到新四军增援部队已赶到，狼狈撤退。

四 | 英雄的“小鬼班”

朱家岗上斗狼豺，民失亲人国失才。

最是坚强红小鬼，也将忠骨战场埋。

（摘自顿耶夫作《悼朱家岗》十三首之《哀祭“小鬼班”》）

在革命队伍中，“小鬼”是对参加革命的年龄小的同志的一种爱称，别看他们年龄小，也能办大事。4 连 9 班，就是一个“小鬼班”。从年龄来说，他们一般不过十五六岁；从人数来说，这个班比一般的班多几个人。他们大多数是淮北根据地穷苦农民的孩子，有的忍受不了地主欺凌，有的熬不过困苦生活的折磨，有的父母、兄姐被日寇杀害，成了孤儿，投奔到新四军的。一到战争间隙，他们就追着首长要枪、要子弹，要上前线。后来“小鬼”不断增多，一直发展到 20 余人。他们原来分散在团部、营部当小通信员。开始，部队担心他们年纪小，部队生活艰苦，经常行军打仗吃不消，劝他们长大了再来。可他们硬是不干，还说：“你们新四军不是打日本鬼子的吗？打日本鬼子为什么不收我们？”后来，

新四军小战士唱军歌

只好把他们编成一个班，集中在四连。大家伙亲切地称他们为“小鬼班”。别看他们年纪小，志气可不小，平时学习、练兵、助民劳动，他们样样不甘落后。想不到就是这样一群“小鬼”，关键时候用稚嫩的身躯投身战场，立了大功 。

曹圩，是 26 团指挥机关驻地。曹圩东南门，是出入曹圩的唯一通道。战斗的焦点，自始至终集中在曹圩东南门阵地。跟团部住在一起的是 2 营营部和 4 连。曹圩和淮北叫作“圩”的村庄一样，村外筑有土圩子，圩外有水壕。东南门外的水壕上有条便道，是出入曹圩的唯一的道路。圩子里有几十户人家，圩外紧靠东南门有一个宽阔的打麦场，场上有草堆、车屋等障碍物，场边停放着 2 辆笨重的三轮牛头大车。

这里是 26 团坚守的主阵地，也是敌人进攻的首要目标。

日寇疯狂到了极点。它凭着兵力多、火力强，在猛攻曹圩东北交通沟、张庄和孙庄阵地的同时，集中了 150 余名日军，在机枪、山炮火力掩护下，成群地沿着打麦场开阔地向圩门发起猛烈冲击，妄图从东南门突入曹圩，一举全歼 26 团。

坚守曹圩东南门阵地的是4连3排。在敌人尚未占领大场前，指导员田临才同志带数名战士涉过一人深的水壕，将打麦场上的草堆、车屋全部烧尽，扫清射界，免为敌人所利用。

从6时许至8时40分，英勇的3排7班、8班在排长耿立成指挥下，用机枪和步枪连续打退敌人3次冲击。战士曹金才沉着射击，弹无虚发，打死六七个日军。

9时许，敌人集中全部炮火向曹圩东南门发起最猛烈的轰击。随后，采取交替掩护，匍匐前进，占领了东南门外一片坟包、沟坎等所有能利用的地形。此时，大门已被炸毁，整个阵地围墙坍塌，弹坑累累，几乎所有工事都不能利用了。2排20余名战士，利用残豁的围墙和弹坑，用密集的手榴弹还击敌寇。但日军不顾伤亡，仍纠集其残部疯狂向东南门冲击。4连3排7班、8班与敌展开了激烈的肉搏战。3排的不少战士同敌人扭在一起壮烈牺牲。

新四军大练兵时战士们翻单杠

当击退敌人的第5次冲击后，一直守卫在这里的4连3排也伤亡了不少。

情况危急！怎么办？如果东南门失守，后果将不堪设想。现在各个阵地都很吃紧，调不出人来。就在这紧要关头，团部决定，把“小鬼班”拿上去，相信他们一定可以完成任务。

“小鬼班”被迅速地集合起来了。他们穿着宽大的不合身的棉袄、棉裤，腰间掖着手榴弹，手里握着大刀，一个个瞪大了眼睛，屏住了呼吸，站在烈火浓烟的圩子里听严光副团长的战斗动员：“同志们！今天这一仗，不仅对我们，而且对你们、对全团，都是一次严峻的考验，现在派你们去加强东南门的守卫，决不让一个日军进来！来一个消灭一个！”“坚决完成任务！”“决不辜负团首长的希望！”还带着些童音的“小鬼”们齐声回答。看着这群孩子，听着他们的回答，想到他们即将担负的重要任务，在场的人的眼睛都湿润了，把最后的希望都寄托在他们身上。如果是和平年代，他们本应在父母的怀中享受宠爱，可在民族危亡的关头，他们和大人一样，承担起了更多的责任和担当。

严副团长把全班编成三个组：两个突击组，一个抢车组。这些“小鬼”接受完任务后，一个个情绪高涨，一个个曲身跑步跃进了阵地。争夺东南门的战斗打得更激烈了。

新四军宣传画

在圩内机枪、步枪火力掩护下，突击组先向敌人投去了手榴弹，把敌人打乱，接着小战士们挥舞大刀，高呼着：“为烈士报仇”直冲敌群。当日军被“小鬼班”突然袭击，搞得晕头转向，狼狈逃散时，“小鬼班”的抢车组立即出动，乘势把大场上的两辆大车抢了回来，把炸毁的圩门堵塞起来。

这时，指挥“小鬼班”的4连副连长尹作新同志发现，在东南方向的交通沟里，敌人的钢盔闪着一闪闪的亮光，越来越多的迹象表明，敌人又将发动一次新的进攻，尹副连长要大家严密监视敌人的动向，做好迎击的准备。“同志们，我们“小鬼班”成立以后，这是第一次独当一面担任重要任务，我们一定要打一个漂亮仗！”青年共产党员“小鬼班”班长周茂松提出了响亮的战斗口号。

不一会，几十根黑色的烟柱腾到半空，敌人的炮弹又在圩门附近发出轰隆的巨响。一束束密集的子弹在战士们头顶上尖声呼啸。在强大火力掩护下，敌人向东南圩门发动了又一次冲锋，进攻的敌人发现把他们打得落花流水的原来是一些“小新四军”，也许感到太“丢人”了吧，于是，几十个日本日军在一阵猛烈的炮火之后，竟一个个直挺着腰，平端着刺刀冲了上来。然而，这些新四军小战士可不是好欺侮的，他们人小枪法准。等这群日寇冲到离自己只有20米左右时，他们一枪一个，敌人又倒下了一片。

就这样，一直打到下午3点多钟，尹作新副连长和“小鬼班”长周茂松同志被敌人的炮弹先后击中壮烈牺牲了，四五个小战士也受了伤，但他们坚持不下火线，继续抗击敌人，复仇的火焰燃烧着小战士们的心。副班长小陈担负起指挥全班的任务，战斗组长高佩桐、机枪手高振兴、战士王启年像一只只小老虎一样勇猛顽强。他们完全忘记了饥饿和疲劳，用稚嫩的身躯和日寇英勇作战，捍卫家乡。

从早晨到下午 3 时，150 余名日军，对圩门进行了 10 次以上的冲锋，“小鬼班”就以两辆大车做依托，十进十出，反复冲杀，有一次，两个日军冲到大车前边，一个从车上爬过来，被一枪打倒在地，另一个日军从车底下钻过来，小战士突然跳上去，银光一闪，手起刀落，把日军砍死在车下。圩门外尸体累累，弹痕遍地，但日军却未能跨进圩门一步。“小鬼班”成了日军无法逾越的屏障，那两挂大车身上留下的千百个弹孔和一处处血痕，也成了这段历史的最好见证。

从友邻阵地工事中传来了“打得好，打得妙，‘小鬼班’，呱呱叫！”的口号声，整个阵地充满了胜利的喜悦。

五 | 胜利的捷报

战火纷飞写乐章，一天战果显辉煌。

日军三百魂归国，遍野横尸遍地枪。

（摘自奔流作《纪念血战朱家岗四十八周年》）

战斗进行到16时许，罗应怀团长躺在担架上，突然听到外面战士高呼：“韦旅长带着骑兵部队增援我们来了，还有很多民兵，也正向朱家岗一带集中。”

新四军4师骑兵团进行军事演习

韦国清旅长是广西东兰壮族人，参加过著名的百色起义和二万五千里长征，1940年跟随八路军第5纵队来到华中，参加了开辟苏北抗日根据地的斗争，自从担任9旅领导以来，一直亲自率领26团转战南北，每次战斗，对敌情了如指掌，准确的组织指挥，每战必胜，在部队中有很高的威望。战士亲切地称他为“活诸葛”。在这紧要关头，他亲自率领骑兵部队远程赶来增援，像一股暖流，温暖着26团每一位指战员的心。骑兵部队被誉为是新四军4师三件宝之一，由彭雪枫师长亲自领导创建，在淮北战场上纵横驰骋、英勇作战，取得了众多战斗的胜利。朱家岗战斗中，韦国清旅长率领骑兵连就驻扎东边几里的村子，12月10日拂晓，他命令骑兵连策应内线作战的26团，天黑后，便派人与失去联系的26团联系，并利用夜色掩护对围

朱家岗战斗中新四军缴获的日军战利品

攻26团的敌人发起进攻。

16时20分，张庄村南松林里的敌人阵地，升起了一股黑烟，敌寇开始溃退了。26团立即组织各阵地火力追击，韦旅长率领骑兵部队从岗东插入。

根据地人民送给新四军的匾额

被敌人分割和团指失去联系的3营部队，立即向溃退的敌人发起了追击，敌人只顾逃命，弃械遗尸，仓皇败回青阳镇、金锁镇等据点。22时，朱家岗战斗胜利结束了。英雄的26团，经过18小时的血战，抗击了装备精良，数量上也占绝对优势的日本法西斯军队，取得了朱家岗守备战的辉煌胜利 。

朱家岗战斗的胜利，对淮北军民粉碎日军33天大“扫荡”起了决定性的作用。在彭雪枫师长，邓子恢政委指挥下，新四军4师各部队在外线对敌人展开猛烈攻击，捷报不断传来，青阳镇、金锁镇等据点的日军仓皇撤回徐州老巢，再也不敢轻举妄动了。

1943年2月13日，新四军4师彭雪枫师长的《三十三天反扫荡战略战术》和1943年3月1日邓子恢政委的《论淮北地区三十三天反“扫荡”》的总结中，对朱家岗战斗给予了高度评价，称之为“使得敌一蹶

老百姓给新四军送水

不振之决定性战斗为二十六团之朱家岗守备战”，并称：

十二月九日晚，青阳、归仁、金锁镇三处之敌千余人分三路秘密运动，至朱家岗我二十六团驻地附近。十日拂晓向我包围进击。边区空前未有之大战，遂于朱家岗附近之张庄、曹圩、孙庄，尤岗诸村镇展开矣！敌寇挟其优势之兵力与火力，抱定以石击卵之野心，妄图一逞。统观敌我态势，大为悬殊。我军既属劣势，且亦处于被动地位。以数量论，则以少御众；以武器论，则以弱敌强；是战败之局，似已预定。但我全团指挥员战斗员政工人员赤胆忠心，英烈奋勇，抱定与阵地共存亡之铁石意志，以歼灭顽寇。自晨至夜，激战达十八小时，反复肉搏，十进十出。中华男儿，革命斗士之英雄气概表露无遗。终使寇贼胆寒，丑类气馁，弃械遗尸，而仓皇溃逃矣！

我淮北抗日军民在历时33天反“扫荡”中，先后作战30余次。新四军4师9旅26团在朱家岗遭受三路千余敌寇夜间偷袭，该团指战员英勇顽强，奋起抵抗，激战18小时，毙敌280余名，终于迫敌弃械遗尸，狼狈败逃，33天反“扫荡”随告结束。朱家岗战斗胜利之后，我4师各部重整军力，乘胜扩大战果，收复失地，大力开展反蚕食斗争，敌寇慑于我军威力，将设在我根据地的青阳、归仁、金锁镇等重要据点星夜撤出，我淮北根据地全部恢复。

朱家岗战斗胜利了，这场战斗中，朱家岗老百姓和新四军同仇敌忾，并肩作战。12月9日晚，部队宿营朱家岗时，朱家岗群众还疑为是日

26团指战员为朱家岗战斗中牺牲的烈士开追悼会

本鬼子来了，纷纷向南湖“跑反”。此时，寒风刺骨，男女老少坐在冰冷的地上。基干自卫队一边掩护，一边静静地听着庄上的动静。等了许久，大家都猜测来的队伍可能是自己的部队，不像是敌人。因为日军、汉奸来总是敲门打户，闹得鸡犬不宁，新四军来了不吵不闹，叫门喊“老大爷”“老大娘”。但是乡亲们还有点不放心，怕上日军的当。自卫队就派了两名队员回村查看一下，果然不假，来的正是新四军。乡亲们一听是自己的部队，都纷纷回到家里，见了亲人，有的腾床让铺，有的打扫房舍、抱草铺床，有的烧水给战士们烫脚。那时候，战士们天天行军，脚上经常打泡，烫一烫就舒服多了，起泡严重的烫不下去还得用针挑，抹一点药水，没有药水，就用煤油灯灰抹上去。因为军民相处如同一家人，有的群众平时就注意将煤油灯灰聚起来，用纸包好，部队一到拿出来给同志们抹泡。房子小的，就把孩子叫到亲戚家去住，好让战士们住得宽敞些。乡亲们这股亲热劲，让战士们从心里温暖，感到真是比见了亲人还要亲。

战斗打响以后，十多个自卫队员青壮年和战士们一起挖工事，老人们帮助部队烧饭、给伤员送茶水，并冒着枪林弹雨，把茶水一直送到前沿阵地。将近中午时候，团长罗应怀同志腿负重伤。在弹雨中，警卫员把军毯铺在地上，用绳子拴好，将首长拖下来送到老乡的山芋窖里。

在朱家岗战斗中，孙庄战斗结束以后，群众中流传着部队识破假刘老头送信的故事。真刘老头叫刘兴隆，部队经常住在他家，都很熟悉，尤其是3排更熟悉。战斗已经拼到了中午，3排战士只剩下七八个人，子弹打光了，手榴弹没有了，刺刀也拼弯了，他们就拿起大刀、农具和日军拼。这时候，日军和伪军把刘兴隆抓来，逼着老人给3排送信，老人怎么也不肯，一阵拳打脚踢后用长绳拦腰捆住，一头牵在敌人手里。这时日军和伪军扛来了梯子，由两个伪军将刘兴隆硬是逼上梯子，推到墙头上，他无奈喊道：“我是刘老头，我送信来啦！”战士听懂他的声音，说：“你上来吧！”刘兴隆老人又向上爬两步，看到战士们在血火中英勇奋战，含着热泪把日军的信递了过去。3 排战士马上在敌人的信上写上两句话“投降是你们，而不是我们”。日军看到信，气得哇里哇啦地乱叫，想到一个主意，让一个伪军装扮成刘老头爬上梯子侦察院子的情况。日军和伪军把真刘老头拖到一边，踢翻在地，扒下他的棉袄。刘老头眼睁睁地看着伪军穿上他的棉袄，自己却有手不能拽，有口不能说，急得两眼直冒火星。那个伪军腰里别着手枪，穿着刘老头的衣服，跑到墙下喊：“我是刘老头，送信来啦！”战士们一听不是刘大爷的声音，但还是回答：“好，你上来吧。”这个伪军刚爬上墙，就被 3 排战士劈头一刀砍了下去。

新四军四师政委邓子恢在总结 33 天反“扫荡”和朱家岗战斗时曾说：“没有人民群众真心实意地拥护，没有人民群众无微不至的关怀和支持，就不可能有朱家岗战斗和 33 天反‘扫荡’的胜利。军民一条心，军民鱼水情，是我们克敌制胜、永远立于不败之地的重要保证。”

成为历史见证的，还有这流传了 70 多年的《血战朱家岗》大鼓词：

腊月严冬朔风寒，淮北苏皖起狼烟。
日寇倾巢大“扫荡”，黎民百姓受摧残。

敌人人修起泗宿路，毁坏人民万顷田。
“三光”政策烧、杀、抢，血泊火海惨人寰。

淮北人民齐奋起，配合主力抗敌顽。
民兵开展麻雀战，坚壁清野并支前。

我军运动游击战，跳出敌人包围圈。
转移兵力到敌后，寻敌弱点把敌歼。

夜袭青阳杀日寇，消灭伪军在屠园。
克敌渔沟、晏路口，马公店上烈火燃。

烧死鬼子七十六，击毙伪军二百三。
我军四方传捷报，日寇闻风心胆寒。

敌酋平林遣兵将，金子联队夜奔忙。
青阳、归仁、金锁镇，三路合围朱家岗。

朱岗一带我军驻，转战百里始宿营。
钢铁部队新四军，二十六团有威名。

团的首长罗、谢、严，万里长征经百战。
闻听枪声定决策，下达命令通讯员。

一营坚守张庄地，火速传令二营前。
二连布置路沟内，四连坚守圩里边。

东南圩门谁人守？四连三排“小鬼班”。
别看人小志气大，冲锋陷阵勇争先。

拂晓之前开了火，一直打到日落山。
十八小时激烈战，十进十出歼敌顽。

征尘滚滚冲霄汉，朱岗处处漫硝烟。
枪声杀声连一片，刀光火光红半天。

刀闪寒光倭首垛，枪喷怒火敌滚翻。
鬼子尸积黄草垛，击毙绿衣指挥官。

敌人围困我一连，率众突围傅荣贤。
弹雨枪林无所惧，大刀一举冲上前。

一连三排守孙岗，日寇受阻多死伤。
全排壮烈献青春，不朽功勋万代香。

英雄豪气结铜墙，壮士斗志气宇昂。
敌人难越雷池步，我军阵地若金汤。

英雄壮士遍全国，首屈一指钢二连。
连长姓孙名存余，魁梧健壮甚威严。
沉着机敏又果断，攻如猛虎守如山。
鬼子刺刀耀眼亮，连长胸中怒火燃。

待到敌兵到近前，连长吼声震云天：
“要打就要狠狠打，钢刀须用敌血染!”

保卫我团指挥部，首长安危记心间。
言罢手起枪声响，鬼子队长脑壳穿。

战士大刀舞如飞，鬼子横尸似草堆。
敌酋见势不堪敌，下令大炮逞淫威。

一里多长路沟内，二百炮弹落里边。
硝烟未散敌进攻，连长重伤作动员：

“我辈中华好儿男，民族安危担在肩。
一腔热血写春秋，不怕万险与千难。

拼将头颅求解放，为国捐躯我心甘。
适逢杀敌机会好，立功报国在今天!”

英雄豪气壮山河，战友铁拳紧紧握：
“万众一心生死共，今朝全力杀敌倭。

舍生取义若泰山，抗日救国意志坚。
我连人在阵地在，誓死保卫苏皖边!”

二连班长娄芝信，百发百中非等闲。
击毙日寇七八个，光荣牺牲在阵前。

日寇发起新进攻，鬼子拥来像黄蜂。
膏药白旗前导引，弹片纷飞烟腾空。

二连阵地万分险，团长下令快增援。
调来二营重机排，加强火力助二连。

机枪班长纪永春，屹立圩墙如铁人。
居高临下瞄敌、阵，弹如火雨扫敌群。

神勇射手立阵前，机枪连发火弹丸。
鬼子惊呼无躲处，尸横遍野满田间。

英雄连长高声喊，洪泽波撼淮水翻。
白刃拼搏惊日月，我军浩气壮云天。

二连阵地若金汤，更有五连守张庄。
五连连副戴春涛，战斗英雄美名扬。

黑红方脸卧蚕眉，膀阔腰圆赛金刚。
快步如风身矫健，挺胸攘臂气昂昂。

家住灌云一荒村，赤贫如洗苦难当。
自从参加新四军，浑身是胆志如钢。

曹庙一战立大功，《拂晓报》上受表扬。
二十一岁当连副，出生入死驰疆场。

朱岗战斗初打响，团长命令他守张庄。
率领战士入阵地，恰遇敌兵逞凶狂。

嗷嗷嚎叫如疯狗，张牙舞爪似豺狼。
战士切齿抽钢刀，春涛沉着语声扬：

“朱岗之役不寻常，节省子弹心莫慌。
一枪撂倒一仇敌，一刀砍翻一豺狼。”

连副话语刚落音，鬼子蜂拥到圩墙。
战士怒掷手榴弹，大群日寇狗命亡。

敌寇逃窜一溜烟，进攻失败心不甘。
炮轰紧接燃烧弹，房倒屋塌火冲天。

敌弹如雨啸寒风，烈火冲天黑烟浓。
战士衣履均烧毁，呼吸困难眼难睁。

风卷烈火滚浓烟，英雄镇定如泰山。
连副号召诸同志，齐表决心举铁拳：

“我们铁的新四军，誓为民族求生存。
马革裹尸偿夙愿，血沃中华为人民。

日军烧杀野兽同，人民涂炭血泪盈。
拼搏劈杀侵略者，不让日寇再横行！”

（叶英《血战朱家岗》叙事诗，一九八二年修改）

六 | 血染的魂灵

忠骨留在青松下，英灵含笑伴淮河。

阳春重上朱家岗，思情更比鲜花多。

（摘自罗应怀作《凭吊朱家岗》）

朱家岗战斗结束了，幸存的战士们环视身边，少了许多熟悉的面庞。坚守孙庄东房院阵地的1连3排20余名战士，在同敌人英勇搏斗中全部壮烈牺牲了。在孙庄阵地上，一位战士嘴里含着东西，仔细一看，原来是日寇的一只耳朵；一位战士手里握着大刀，怎么也掰不开。刀口缺豁了，沾满了紫黑色的血；还有一个战士紧握着还未炸响的手榴弹，弹壳上沾了敌人的脑浆和血……

电台台长李圣书、报务员袁龙怀、译电员李书举在战斗中砸毁电台，烧掉密码，保护了新四军的机密，却失去了突围的时间壮烈牺牲。

曹圩外的壕沟，水被血染红了。

朱家岗的土地上，到处浸染着烈士的鲜血。

人们在整理烈士遗物时，发现了烈士吴承祖写给爱人张哲民的一封遗书：

哲民，今天的战斗非常残酷非常激烈，随时随地都有牺牲的可能，如果我牺牲了，我感觉为党牺牲是光荣的。你应该自豪，不要悲痛。流泪是怯懦的表现。惋惜的是我未能看到革命的最后胜利。希望你教育好儿子，踏着我的血迹前进，将革命进行到底！承祖1942年12月10日。

雄风长歌，英魂永驻！ 26 团 1 营教导员吴承祖同志、2 营 4 连副连长尹作新同志等 73 位烈士英勇战斗，为了民族独立和人民解放流尽了最后一滴血。2 营营长张立业、1 营 2 连连长孙存余等 60 多位同志负了伤，英雄们用热血和生命，用牺牲和奉献赢取了朱家岗战斗的胜利，造成日寇巨大伤亡，对淮北军民粉碎日寇 33 天大“扫荡”，起了决定性的作用。

新四军第四师政治部出版的《拂晓报》在头版头条位置上登载了 26 团朱家岗战斗的胜利消息。26 团政治处叶英股长写的《血战朱家岗》大鼓词，在淮河南北到处歌唱。淮北军民受到战斗胜利的巨大鼓舞，人心振奋，全力投入反“扫荡”斗争。日伪军在溃回途中也编一首歌谣，哀叹道：“去洪泽湖亮亮堂堂，拐回来吊蛋精光，谁要再去洪泽湖，男盗女娼！”

朱家岗战斗之后的一两天，在金锁镇、归仁集、青阳镇、曹庙、老韩圩等日军据点中，黑烟弥天，腥风遍地，这是日寇在焚烧他们从战场上抢回的死尸，群众看到的死尸至少有 200 多具。朱家岗周围的战场上，还遗下了 80 多具日寇溃退时无法抢走的日军尸体，在他们身上发现有大和神社、千叶神社给他们发的铜制、木制、纸制各式各样的“护身符”。这些东西并没有保佑他们逃脱死亡的命运。新四军缴获的太阳旗、望远镜、枪支、弹药上都沾满了日军们的血迹。中国人把日本侵略者痛恨地称为“日本鬼子”，这些现实中泯灭人知的日军对虚拟的鬼神充满着恐惧和依赖，这种恐惧在战斗中也曾显现，抗日战场上，作战双方大刀搏杀在许多战斗中时有发生，然而大刀这种古老的武器，在与日寇的血战中，有着意想不到的效果。原来日本侵略军的许多人相信被大刀砍死后，成了无头之尸，灵魂回不了国。因此，一见大刀就

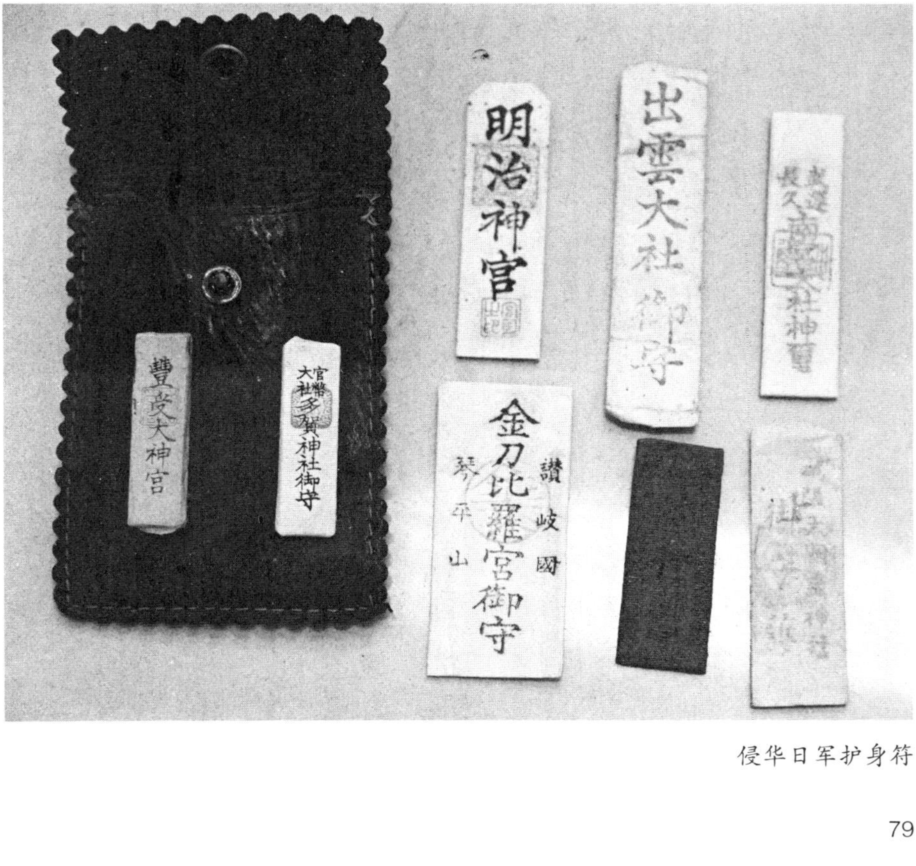

侵华日军护身符

朱家岗烈士陵园

心惊肉跳。与敌人相反，新四军的战士在弹药不足的情况下，经常靠大刀逞英豪。在孙庄，5 连 1 排的同志，在打退敌人的第 3 次进攻后不久，又面临着敌人的又一次冲击。这时，大家把大刀一齐拔出来，插在沟沿上，寒光直闪，敌人一见便悄悄地退去。这倒不是因为敌人怕吓唬，而是因为他们知道大刀的厉害，亲眼见过自己的一些同伙是怎样死在这种古老武器之下的，更害怕自己的灵魂回不到家乡。

战斗结束后，部队要连夜转移，朱家岗村自卫队和乡亲们把战士的遗体收到一起排列整齐，曹龙仙和朱云兰 2 位老人主动要求守护战士的遗体，他们拿着草叉，守护在死难烈士身旁，就像守护自己的亲人一样，寸步不离，在给烈士装殓的时候，陈道德、高德仁、彭加才、张广玉、王启士、王启云等乡亲们用自家的盆和碗，仔细的为烈士擦洗血迹，不少乡亲流下了悲痛的热泪。伟大的淮北人民出于人道主义精神，将日寇仓皇撤逃丢下的13具尸体也收殓埋葬，并由日本反战同盟淮北支部竖立起一座用日文刻“日本阵亡将兵之墓”的墓碑。

为了纪念朱家岗战斗的胜利和在战斗中壮烈牺牲的英烈，边区人民政府和各界人士决定在朱家岗建立烈士公墓。为了建立烈士公墓，杨如佳、朱发林、朱长士等献出自家土地4亩4分作为墓地，有的还献出青砖，捐献义款修筑公墓。他们说：1942年12月10日，我们朱家岗人将永远记住这一天，并告诉子孙后代，今天的胜利来之不易，幸福生活是烈士们用鲜血换来的。

1943年的深秋，朱家岗烈士公墓正式建成。公墓面积四亩余，周围绕以花墙，巍峨的墓门凌空高耸，表现出中华民族的浩然正气和对敌人奋战到底的决心。门联为：七十丹心光宇宙，六年汗马壮河山；横匾：浩气长存。由泗阳县周华青先生书写，墓门左右白壁两方，是叶英同志所作《血战朱家岗》长篇叙事诗。门内有碑3座，正中是烈士名

朱家岗烈士名录碑

朱家岗烈士名录（部分）

序号	姓名	年龄	职务	籍贯
1	李树举	28	译电员	江苏铜山
2	杨俊秀	20	党支书	山东莱芜
3	冯　愚	25	党支书	安徽盱眙
4	尹作新	32	连　副	山东肥城
5	宋云玺	28	锄奸股长	安徽六安
6	吴承祖	27	教导员	河南邓县
7	牛凯泽	24	民运干事	江苏睢宁
8	胡魁中	20	党支书	江苏沭阳
9	贾西璧	21	党支书	江苏睢宁
10	李圣书	22	电台台长	江苏萧县
11	邵　雯	21	书　记	江苏盐城
12	袁龙怀	20	报务员	安徽泗县
13	吴剑秋	23	书　记	江苏阜宁
14	温锦全	20	文　书	江苏东海
15	程森林	30	粮秣员	江苏睢宁
16	陈令昌	26	排　副	江苏睢宁
17	李景言	24	排　副	江苏邳县
18	陈德乾	19	司号员	江苏睢宁
19	李银水	22	排　长	山西长治
20	李纪明	26	副班长	江苏邳县
21	娄芝信	21	副班长	江苏睢宁
22	程明宽	34	班　长	江苏宿迁
23	王德山	26	炊事班长	江苏灌云
24	周茂松	21	班　长	安徽泗县
25	杨长修	25	班　长	山西华县

续 表

26	李汉民	22	班　长	江苏沭阳
27	刘德刚	20	班　长	江苏邳县
28	余文长	20	副班长	江苏睢宁
29	李德生	43	副班长	江苏灌云
30	周长美	23	副班长	江苏泗阳
31	刘增芹	29	班　长	江苏东海
32	石德志	26	班　长	江苏邳县
33	李新中	30	侦察员	
34	宋怀仁		通讯员	
35	梁大车	28	战　士	
36	娄书明	30		江苏邳县
37	何庆有	22		江苏铜山
38	米炳开	20		江苏铜山
39	荆文礼	20		江苏沭阳
40	张德生	18		江苏
41	陈少保	28		江苏阜宁
42	祁恩来	20		江苏睢宁
43	李凤彩	23		江苏宿迁
44	甘奎昌	19		江苏邳县
45	满金玲	23		安徽泗县
46	陈令中	22		江苏睢宁
47	祁德法	18		安徽泗县
48	王成功			
49	甘荣昌	22		江苏邳县
50	汤德宝	23		
51	倪德胜	24		

续　表

52	韩化清	23		
53	裴道龙	21		
54	蔡傅兴	22		
55	李石清	19		
56	许国华	18		
57	罗狄秋			
58	褚德胜	20		
59	宋振华			
60	尹邦国	18		
61	杨怀欣			
62	杜玉才	20		江苏
63	郑东成	21	班　长	江苏睢宁
64	李如福			
65	陈洪义	30		江苏邳县
66	高维胜	26		江苏宿迁
67	仲伟岚			
68	郑玉华	24		江苏睢宁
69	姜来发	21		
70	黄伯龙			
71	赵新轩	30	报务员	

（注：还有烈士二人姓名被石墩所挡，无法抄录）

录碑，左一块是彭雪枫师长撰文的“朱岗战斗殉国烈士纪念碑”，右一块为泗阳参议会树立的“纪功墓志碑”，门内白壁上是黄诗超、穆仲苞同志所作的纪念歌曲。烈士墓整然有序排列着，好似烈士们依旧列队，每一座墓前标明着烈士姓名和籍贯。

他们当中，年龄最大的 34 岁，最小的年仅 18 岁。

陵园建筑简单朴素，却又庄严凝重。这样的建筑工程在淮北乃属首次，每一块砖石都表现着烈士们为人民艰苦奋斗浴血疆场的事迹。新四军朱家岗战斗的壮烈史绩，在淮北人民心目中将万古流传。

1943 年 10 月，朱家岗上松柏呜咽，公墓前召开纪念大会，举行公祭。新四军 4 师及淮北行署代表、中共泗阳县委、县参议会、联救会及泗阳所属各区及地方武装民兵、学校与附近村民、主力兵团共约 1 万余人参加。会场上各界赠送挽联百余幅，花圈数十个，参加开会者或臂缠黑纱或佩带白花，人人露着严肃的表情，仔细瞻仰着壁画、碑文和叙事诗，泗阳佛教救国会也诚挚的在墓前诵经致祭。

12 时，纪念大会正式开始，首先举行纪念仪式，领导行礼，恭读祭文献花圈、祭碑等仪式，然后开始致辞。

今日朱家岗烈士陵园

纪念大会由韦国清旅长主祭，韦旅长向大会传达了新四军陈毅代军长对4师9旅26团取得朱家岗战斗辉煌胜利的嘉奖令，他说：“陈军长把26团朱家岗的战绩向党中央做了汇报，中央对这次战斗的胜利给予高度评价。”接着韦旅长向参加纪念大会的人们介绍了朱家岗战斗的主要特点：“我们能用大刀、手榴弹与日寇作最后拼杀，证明我们的军政治素质显著提高了，应该在部队中继续发扬。”“过去没有打过这样的硬仗，是因为过去没有这样的经验。怕到时候大刀拿不动怎么办？经过朱家岗战斗的考验，打硬仗我们有信心了。今后好多战斗，我们要用大刀来解决，要用手榴弹来解决，才能争取最后胜利。”他还说：“淮北苏皖边区党委和4师党委决定在朱家岗修建烈士陵园。我们要永远纪念他们，永远不要忘记为国为民而英勇献身的先烈们。继承他们的遗志，把红旗扛到底”最后，韦旅长宣读了新四军4师师长彭雪枫同志亲自撰写的碑文：

民国三十一年十一月十三日，淮北苏皖边区周围之敌，由徐州、睢宁、泗县、盱眙、固镇各据点出动，五路向我淮北边区分进合击，总共兵力近万人，并以飞机、汽船相配合，企图一举歼灭我四师主力，以求彻底控制整个边区。其声势之大，威力之猛，烧杀之惨，用心之毒，在我苏皖边区创立以来尚属首次。我边区军民武装动员，运用游击战术与强大之敌伪相周旋，浴血抗战，不眠不休，持续33天之久，终将敌之进攻击破，迫其狼狈败逃，获得反“扫荡”之全部胜利。而全战役过程中，喋血奋战，惨烈悲壮，惊天地泣鬼神，以击败敌寇使其一蹶不振之决定性战斗，则为我九旅二十六团之朱家岗守备战焉。

十二月九日晚，青阳、归仁、金锁镇三处之敌千余人分三路秘密运动至朱家岗我二十六团驻地附近。十日拂晓向我包围进击。边区空前未有之大战遂于朱家岗附近之张庄、曹圩、孙岗、龙岗诸村镇展开矣！敌寇挟其优势之兵力与火力，抱定以石击卵之野心，妄图一逞：统观敌我态势，大为悬殊，我军既属劣势，亦处于被动地位。以数量论，则以少御众；以武器论，则以弱敌强，是胜败之局似已预定。但我全团全体指挥员、战斗员、政工人员赤胆忠心，英烈奋勇，抱定与阵地共存亡之铁石意志，以歼灭顽寇。自晨至夜，激战十八小时，反复肉搏，十进十出，中华男儿、革命斗士之英雄气概表露无遗。终使寇贼胆寒，丑类气馁，弃械遗尸而怆惶溃逃矣！

战阵之中，我二连长孙存余率一个班往来冲杀壕沟中至一日之久，身虽负伤而能镇定指挥，手杀敌之小队长，歼灭敌一个小队。我五连一排长王康，以一个排抗击敌兵数十之众，杀声震敌之耳，刀光耀敌之目，以诱敌之计，炸毙敌寇十数名。我五连副戴春涛指挥之第三排坚守张庄西部，将敌多次击溃之后，敌实行火攻，在浓火密烟丛中，衣履被烧而屹然不动。我二连机枪手纪永春、四连机枪手高振兴孤枪射击，俨如铁人。我四连战士曹金才沉着射击，弹不虚发。我五连战士黄伯龙身先全班，以手榴弹猛掷敌人。我四连三排在排长耿立成指挥下，坚守曹圩东南门，敌以机炮火力数次冲击，终不得逞，而完成任务。我二连三班副娄芝信于全班弹尽之后，向连长请求驳壳枪击敌，并声称我辈决心一处处共死。我四连战士王启年勇气百倍，并向全班鼓动，如敌冲冲来，愿大家随我王某冲击，即死亦得其所。我二连排长王学如率一个班，拔出大刀向敌示威，于刀光剑影杀声震天之中，将敌吓退。我四连以新编之队，经验不多，但指导员田临才与战士为伍，并在不断进行政治鼓动之下，终能坚守曹圩东南门及东北角两方阵地。诸如此类之英勇事迹极多，不暇一一枚举，呜呼壮矣。

是役也，杀伤敌寇二三百名，我亦伤亡百余名，为三与一之比。我光荣殉国者有一营教导员吴承祖、团特派员宋云玺、电台台长李圣书、报务员袁龙怀、民运干事牛凯泽、译电员李书举，党支部书记胡魁中、贾西璧、杨俊秀、冯愚，书记邵雯等六十余名。光荣负伤者有团长罗应怀、营长张立业、连长孙存余、指导员方定、连副李运海等四十余名。

迨本年秋，泗阳参议会周华清、杨道南诸先生，追念斯役战绩及死事者之英勇，乃嘱余述其颠末，勒诸贞珉，并于双十节纪念典礼，余窃思革命军人肝脑涂地，为国捐躯，固分所应尔，而死难诸同志之黄尘侠骨，碧草忠魂，乃蒙各界同胞之思慕爱戴，扼腕凭吊，仰余烈而沐流光，庶可永安于九原，彼认贼作父，廉耻道丧，专以诬蔑八路军、新四军为能事者，亦可以知所愧怍矣!

新四军第四师师长彭雪枫敬撰

中华民国三十二年十月十日

淮北军区政治部宣传部长陈其五代表4师首长及淮北行署刘瑞龙主任致辞，他首先说明烈士们为革命为人民为保卫边区而英勇牺牲，是一种光荣，他们的名字将和新四军的名字永远同在，永远长在人们的心上。烈士们的鲜血，说明了他们是优秀的共产党员，英勇的模范战士，是中华民族的优秀的儿女，也就说明了新四军是忠于民族国家、忠于党、忠于人民，为我们树立了光辉的榜样，我们永远向他们学习，永志不忘。

26团团长罗应怀也从后方医院赶来参加大会，战斗中，他双腿负伤，严重骨折，走路还要靠双拐支撑。看到曾经的亲密的战友们的一排排的坟丘，这位身经百战的硬汉子泪流满面。同志们热情地把他扶到大会主席台上，在场的群众发出雷鸣的掌声向这位英雄的团长致敬，罗团长扶着拐杖站起来，向乡亲们致以庄重的军礼！大会上，罗团长号召继续烈士们未尽的遗志，爱护群众，把群众当作我们的母亲！

光阴荏苒，70多年过去了，现在的朱家岗已经找不到当年战场的影子，但朱家岗战斗的故事却在朱家岗人中辈辈流传，朱家岗烈士的精神在人民军队中薪火传承。洪泽湖畔的朱家岗烈士陵园，它就像一座丰碑，承载民族的苦难与抗争，新四军的浴血与荣光，永远屹立在祖国和人民的心中！

主要参考资料

1. 新四军第四师老战士回忆录编委会.《抗战在淮北（第八辑）》. 广州：广东省新闻出版局准印，1999.

2. 中共安徽省委党史工作委员会.《淮北抗日根据地》. 北京：中共党史出版社，1990.

3. 中国人民解放军历史资料丛书编审委员会.《新四军回忆史料2》. 北京：解放军出版社，1990.

4. 中共江苏省泗洪县委党史资料征集办公室.《血战朱家岗》. 1982.

5. 张胜.《从战争中走来——两代军人的对话》. 北京：中国青年出版社，2009.